변화를 위한,
세상 어디에도 있는

말랑말랑학교

변화를 위한,
세상 어디에도 있는

말랑말랑학교

초판 1쇄 발행 2018년 8월 14일
3쇄 발행 2020년 2월 25일

지 은 이	착한재벌샘정
발 행 인	권선복
편 집	오동희
디 자 인	김민영
표지디자인	효랑, 김다솜
전 자 책	서보미
발 행 처	도서출판 행복에너지
출판등록	제315-2011-000035호
주 소	(07679) 서울특별시 강서구 화곡로 232
전 화	0505-613-6133
팩 스	0303-0799-1560
홈페이지	www.happybook.or.kr
이 메 일	ksbdata@daum.net

값 15,000원

ISBN 979-11-5602-624-2   (03190)

도서출판 행복에너지는 독자 여러분의 아이디어와 원고 투고를 기다
립니다. 책으로 만들기를 원하는 콘텐츠가 있으신 분은 이메일이나
홈페이지를 통해 간단한 기획서와 기획의도, 연락처 등을 보내주십시오.
행복에너지의 문은 언제나 활짝 열려 있습니다.

변화를 위한, 세상 어디에도 있는 인생 성형학교

말랑말랑학교

도서
출판 행복에너지

"책도 읽고 강연도 듣지만 그때뿐이에요. 늘 제자리걸음이에요. 나는 왜 이런지 모르겠어요."

"문제가 뭔지는 알겠는데 뭘 어떻게 해야 할지를 모르겠어요."

"변하고 싶죠. 정말 변하고 싶어요. 그런데 그게 말처럼 안 돼요."

이런 말을 하는 사람들에게 도움이 되고 싶어 책을 쓰겠다고 하고 제목을 '말랑말랑학교'라고 하겠다니 많은 분들이 말렸어요.

학교는 싫은데. 억지로 다닌 학교였는데 또 학교? 날 가르치려는 느낌이 들어 싫은데. 징글징글하게 싫었던 공부를 또 하라고?

담임은 더더욱 싫은데. 잔소리만 해대던 담임 정말 싫어했었는데 이 나이에 또 무슨 담임?

등교 시간도 없는 학교, 시간표도 없는 학교, 마음에 들지 않으면 당장 그만두어도 되는 내 맘대로 학교가 있다면 너무 신나지 않을까요? 나를 단단하게 해 주고, 삶의 힘을 가지게 해 주는 학교라면 다녀 보고 싶지 않나요?

31년을 중·고등학교 과학교사로, 담임으로 살아오면서 입에 달고 살았던, 그리고 매일을 치열하게 노력했던 것이 '학교가 조금 더 말랑 말랑한 곳이었으면 좋겠다'는 것이었고 그 결과 재벌이 되었습니다. 나와의 시간을 통해 자신을 더 잘 알게 되었고, 자신을 사랑하게 되었 다는 제자들을 많이 가진, 사람 재벌이 되었지요.

학기 초에는 과학쌤이랑 과학이 싫었는데, 이제는 나도 좋고 다 좋다. - 중1 아이가 마지막 수업 시간에 쓴 글

울컥했던 부분이 '나도 좋고'입니다. 내가 교사로서 해야 하는 가 장 중요한 일이 바로 아이들이 스스로를 사랑할 수 있도록, 제대로 많 이 사랑할 수 있도록 도와주는 것이라 생각했는데 그 바람이 이루어 졌기 때문입니다.

학교란 무엇일까요? 자신을 알아가는 곳이라 생각해요. 다양한 자 기 탐색을 통해 자신이 어떤 사람인가를 알아 가는, 그래서 삶의 힘을 키우는 곳이어야 합니다. 그러나 각 교과목의 지식만을 배우고, 시험 준비만을 하는 데 급급한 것이 현실이기도 합니다.

다양한 자신의 모습을 발견하고 인정하는 과정을 통해 '자기 존중' 이 제대로 이루어져야 그를 기반으로 타인과 다른 생명도 존중하며 자신을 사랑하고 더불어 살아가는 삶을 살 수 있습니다. 행복한 삶은 자신을 사랑하는 것에서 출발한다고 생각하기에 30년 넘는 기간 동안 아이들이 자신을 사랑할 수 있도록 그들의 조력자로서의 역할을 충실 히 하려 노력했다고 감히 말해 봅니다.

어른이 되어서도 자신을 '제대로 사랑하지 못해' 힘들어하는 것을 보면 그들을 위한 건물이 있는 진짜 학교를 꿈꾸기도 했고 그것을 이루고 싶은 마음도 여전합니다. 그 출발로 책을 통한 학교를 만들어 보고 싶었습니다.

〈진짜 삶을 배우는, 세상 어디에도 있는 말랑말랑학교〉

책만 펼치면 그곳이 인생 학교가 되는 그런 책, 삶의 힘을 키우는 교과서이자 동시에 그 자체가 학교인 것이지요. 그래서 전 국민의 담임이 되어보자는 야무진 꿈을 꾸고 있습니다.

솔직히 나는 교사를 꿈으로 가져 본 적이 없는 사람입니다. 그런데 교사가 되었고 30년 넘게 교사로 살았습니다. 그 여정에서 내가 사람에 대해 관심과 애정이 있고 궁극적인 목표는 타인들과 더불어 행복해지는 것이며, 교사로서 겪은 이야기들을 전달하고 강연을 할 때 가장 많은 에너지를 얻는다는 발견을 하게 되었습니다. 이 모두를 합하니 '사람들이 스스로를 제대로 알고 사랑할 수 있도록, 타인과 잘 소통하며 더불어 살 수 있도록 도와주는 것'이 나의 소명이라는 결론에 도달하더군요. 그래서 학교를 하나 만들기로 한 거지요.

'말랑말랑학교' 내가 자주 말하던 "학교가 조금 더 말랑말랑했으면 좋겠어요"에서 따온 학교 이름입니다. 너무 예쁘고 따뜻하지 않나요?

말랑말랑학교의 유일한, 나 홀로 선생 샘정. 책을 펴는 그곳이 그대와 그대의 담임인 샘정이 함께하는 말랑말랑학교.

말랑말랑학교에서 그대를 위한 특별하고 따뜻한 종례를 하는 샘정. 꿈꾸는 그대들을 실제적으로 응원해 주는 꿈 응원가인 착한 재벌 샘정. 아이들에게 꿈과 비전을 가지도록 도와주는 5단계가 있습니다.

1단계 - 공부 상처 들어 주기

2단계 - 현재 상태와 문제점 파악하기

3단계 - 연습을 통한 변화 체득하기

4단계 - 변화의 즐거움을 느끼며 삶에 적용하기

5단계 - 자신만의 비전 만들기

이 책도 여기에 맞추어 5단계로 만들어졌습니다. 그중에서 가장 많은 시간이 필요한 부분이 바로 3단계, 연습을 통한 변화 체득하기예요.

학습은 배울 학學과 연습하여 내 몸에 익힌다는 습習이 함께 있는 단어예요. 아무리 배워도 내 것이 되지 않는다면, 그 이유는 내 몸에 익히는 과정이 뒤따르지 않았기 때문이지요.

말랑말랑학교는 배우기만 하는 곳이 아닙니다. 배운 것을 함께 고민하고 익혀서 진짜 내 것으로 만드는, 진정한 변화를 통한 성장이 뒤따르도록 도와주고자 합니다.

말랑말랑학교는 일방적으로 담임이 가르치는 곳이 아닌, 함께 고민하고 이야기하며 성장하는 곳이에요.

차례

1장 상처학

2장. 문제학

3장. 변화학

4장. 행복학

5장. 비전학

1장

상처학

오리엔테이션 1

말랑말랑학교에 온 그대, 엘을 환영합니다.

내가 누군 줄 알고 엘이라고 하나 어리둥절한가요?

우린 이제부터 '날 사랑학기' 동안 함께해야 하는데 서로를 부르는 이름은 있어야 하잖아요. 그래서 그대를 엘이라고 부르려 해요.

말랑말랑학교에 발을 들여놓는 순간 모든 사람들의 이름 앞에는 '러블리'가 붙게 되거든요. 학생들과 과학 수업을 할 때 이렇게 시작해요. "사랑하는 7반 반가워요"라고. 스무 명 아이들에게 한꺼번에 하는 인사라 '사랑하는'이라고 말했지만, 말랑말랑학교는 이 책을 통해 1:1로 만나는 것이니 그대를 '러블리 누구'라고 부르려고요.

그대 이름이 지연이라면 러블리 지연, 윤호라면 러블리 윤호, 숙희라면 러블리 숙희, 정수라면 러블리 정수, 이렇게요.

변화를 위한, 세상 어디에도 있는 말랑말랑학교

'사랑스러운'이라고 하면 되지 꼭 영어로 해야 하나 싶고, 오글거리거나 유치해서 싫다는 사람도 있을 수 있지만, 사랑이라는 단어가 포함되는 순간 원래 좀 오글거리고 유치하고 그렇잖아요?

아이들도 종종 물어요. "선생님이 왜 우리를 사랑해요?"라고. 그럼 나는, "여러분들을 왜 사랑하느냐고요? 나는 교사로서의 삶을 무지 좋아해요. 그런데 교사는 혼자서 할 수 없거든요. 학생이 있어야 비로소 존재할 수 있는 것이 교사예요. 그래서 선생님은 여러분들을 사랑합니다! 나를 교사로 살아갈 수 있도록 해주는, 존재 그 자체만으로도 고마운 여러분이니까요. 어찌 사랑하지 않을 수 있겠어요? 사랑해요"라고 대답하지요.

말랑말랑학교에 온 것만으로도, 여러분 모두에게 러블리를 붙여주고 싶은 내 마음, 이해하겠죠?

그럼 러블리지~ 왜 엘?

모두를 함께 부를 이름일 뿐만 아니라, 우리를 하나로 묶어 줄 아주 간단하지만 큰 힘을 가진, 살짝 신비로운 느낌도 있었으면 하는 그런 이름이 필요했기 때문이에요.

그대 에이, 그대 비이, 그대 씨이, 그대 에프, 그대 큐, 그대 에스, 그대 티이…. 보다는 그대 엘이 근사하지 않나요?

이름은 정말 중요하다 생각해요. 이제는 역사 속으로 사라진 야간 여상에서 있었던 일이에요. 솔직히 그 당시 야간 여상에 오는 학생들은 초등학교, 중학교에서부터 공부에 대한 흥미와 의욕을 잃어버린 아이들, 공부 상처를 비롯해 여러 가지 이유들로 인해 학교에 오는 것조차 힘든 아이들이 많았답니다. 공부와는 담을 쌓고 거친 욕을 입에 달고 사는 아이들도 적지 않았어요. 그 아이들과 함께 지낼 1년을 계획하면서 많은 시간 아이들을 부를 이름을 고민했고 선택한 이름이 '우아한 엘리트'였어요.

"여러분들을 우아한 엘리트라고 부를 거예요. 우아한 엘리트 지민양, 우아한 엘리트 서현양, 우아한 엘리트 희수양! 이렇게요."

아이들의 반응은 예상보다 격하더군요. 몇 명은 나를 포함한 모두에게 들릴 정도로 심한 욕설을 섞어가면서 불만을 표시하기도 했어요.

"알아요. 솔직히 여러분들이 우아하지 않다는 거. 나도 알고 여러분도 알고 있죠. 엘리트가 아니라는 것 역시 나도 알고 여러분도 알고요. 그래서 어쩌면 여러분들을 비웃는 거라 생각할 수도 있어요. 하지만 이건 진심이에요. 지금은 비록 우아하지도 않고 엘리트도 아니지만 그렇게 될 수 있도록 돕겠다는 약속입니다. 4월, 7월, 12월 시간이 지날수록 조금씩 우아하고 엘리트가 되도록 잘 도와주고 싶어요. 그리고 나를 훌륭한 선생님이라 불러 주어요. 물론 훌륭하지는 않습니다. 하지만 훌륭하고 싶습니다. 여러분과의 1년을 잘 보낼 수 있을지, 우아한 엘리트가 되도록 잘 도와주겠다는 약속을 지킬 수 있을지 솔직히 말해서 자신 없고 두렵기까지 합니다. 하지만 여러분이 나를 훌륭한 선생님이라 불러준다면 포기하지 않고 열심히 최선을 다해 노력해 보겠습니다. 우리는 서로를 우아한 엘리트와 훌륭한 선생님으로 불러 주면서 서로가 그렇게 되도록 격려하고 응원해 주는 거지요."

아이들은 나를 부르지 않더군요. 선생님이라고 부르면 들은 척도

변화를 위한, 세상 어디에도 있는 말랑말랑학교

하지 않으니 훌륭한 선생님이라 불러야 하는데 그러려니 차마 입이 떨어지지 않아 아예 부르지 않는 거죠. 하지만 나는 꿋꿋하게 우아한 엘리트 민정양, 우아한 엘리트 지영양이라 불렀고 학부모님에게 문자를 보낼 때도,

"우아한 엘리트 민정양 어머니 안녕하십니까? 우아한 민정양의 담임 훌륭한 선생님입니다. 우아한 엘리트 민정양이 연락이 닿지 않아 문자 남깁니다. 연락 부탁드립니다."라고 했어요.

학부모님이 얼마나 황당했을까 상상이 가시죠?

어색한 시간이 지나면서 아이들은 차츰차츰 무조건 자신들의 이름 앞에 붙은 우아한 엘리트에 익숙해져 갔고, 하나 둘씩 나를 훌륭한 선생님이라고 부르기 시작했어요. 물론 필요하니 어쩔 수 없이.

"훌륭한 선생님, 내일 알바 면접 때문에 조금 늦을 수도 있어요."

심지어 학부모님들께서도 이렇게 문자를 보내기 시작했어요.

"훌륭한 선생님, 우아한 엘리트 보미양 엄마입니다. 우리 우아한 엘리트 보미양이 아파서 병원에 들렀다가 학교에 가야 해서 좀 늦을 것 같습니다."

우리는 우아한 엘리트와 훌륭한 선생님이라 부르며 서로를 '응원'하고 '격려'했던 거죠.

말이라는 것은 참 신기해요. 일단 입 밖으로 나오면 생명력을 가지고 움직이는 힘을 가지니 말이에요. 목표를 이룰 때도 말로 하고 글로 적으면 한 발 더 가까이 다가간 것 같지 않나요? 이처럼 처음엔 터무니없게 느껴진다 하더라도, 꾸준히 자신에게 긍정적인 이미지를 부여

한다면 원하는 자신의 모습에 한 걸음 더 다가갈 수 있다고 생각해요.

러블리가 마음에 들지 않는다면, 이런 건 어때요?

삶의 주인공이 되고 싶다면 Life 지연

좋아하는 것이 많다면 Like 준석

등불 같은 존재가 되고 싶다면 Lamp 화정

큰 인물이 되고 싶다면 Large 영석

지도자가 되고 싶다면 Leader 지혜

많은 것을 배우고 싶다면 Learn 민준

자유로움을 추구한다면 Liberty 보영

책을 좋아한다면 Library 형석

행운의 존재라면 Lucky 민정

빛이 되고 싶다면 Light 재경

누군가의 말을 잘 들어준다면 Listen 선희

늘 깨어 있는 삶을 살고 싶다면 Live 현수

고급스러움을 좋아한다면 Luxury 다혜

깔깔깔 소리 내어 잘 웃는다면 Laugh 정태

동물의 왕 사자 Lion 영주

수많은 엘이 가능하겠지요! 그러니 그대를 엘이라 부르는 거 어때요? 괜찮죠?

그대는 어떤 엘일지 궁금하네요. 사자 라이언의 엘이라고요? 표범

변화를 위한, 세상 어디에도 있는 말랑말랑학교

Leopard의 엘이 더 마음에 든다고요? 어떤 엘이든 날 사랑학기가 끝 났을 때는 모두가 러블리가 되어 있을 거라 생각해요. 말랑말랑학교, '날 사랑학기'의 목표가 '나를 사랑'하는 것이니, 당연히 우리 모두 '러 블리'하게 될 테니까요.

아이들과 하루를 마치고 헤어질 때 이렇게 말하곤 합니다. "여러분 들, 조금 더 예뻐져서 오세요~!"라고. 그대 엘에게도 이렇게 인사할게 요. 다음 시간에 조금 더 멋진 모습으로 만나요.

아, 담임 얼굴과 목소리 궁금하죠? 책날개에 블로그와 유튜브를 통 해 소통하자며 QR코드를 넣어 놓았어요. 어떤 모습, 어떤 느낌의 사람 인 지, 목소리는 얼마나 예쁜 지 꼭 확인하고 다음 시간에 만나요.

'그건 뭐 하러?'

'그렇게 까지 해야 해?'

라는 생각 말고 뭐든 해보기로 해요.

'나중에 시간이 나면….' 이라고 미루지 말고 지금 바로 해보는 연습 도 해보아요.

'QR코드라는 거 낯설어서.'라는 생각대신 이 기회에 알아본다는 마 음으로. 변화를 위해 말랑말랑학교에 왔잖아요. 큰 변화는 작은 변화를 통해서 이루어진답니다.

목소리를 듣고 나면 앞으로 말랑말랑학교의 모든 시간들이 음성지 원이 되는 신기한 경험을 하게 될 거예요.

내 이름은 샘정이에요, 편하게 샘정~이라고 부르면 되어요.

오리엔테이션 2

그대 엘, 오늘 하루 어땠나요?

잠시 손을 들어 반대편 어깨에 대고 토닥토닥 두드려 주며 말해주세요.

"수고했어!"

손을 들어 어깨를 가볍게 토닥거리라는 말에 멈칫하고 망설여지나요? 목소리 내어 내게 말하는 것이 어색하고 꼭 말로 해야 하나, 싶은가요?

생각보다 자신에게 인색한 사람들이 많아요.

뭐 잘한 것이 있다고, 별로 한 것도 없구만… 수고는 무슨. 그리고 수고했다고 해서 그걸 꼭 표현해야 하나? 등등의 이유를 대면서 자신에게 인색한 건 아닌가요?

내 어깨를 토닥여주고 수고했다 말 한마디 해주는 것은 돈이 드는 것도, 시간이 많이 걸리는 것도, 큰 힘을 내어서 많은 훈련을 해야 되는 일도 아닌데. 자신에게 너무 무심하게 구는 건 아닐까요?

산다는 거, 살아간다는 거, 가끔은 살아 내야 한다는 거.

결코 쉽지 않은 일임을 누구보다 잘 아는 우리잖아요. 그걸 해내는 자신을 토닥여 주고 수고했다 표현해 주었으면 해요.

어깨를 토닥여 준 손을 조금 내려 팔을 가볍게 잡고 손바닥으로 전해져 오는 자신의 온기를 느껴 보세요. 세상에서 따뜻하게 내 팔을 잡아 줄 수 있는 첫 번째 사람이 누구일까요? 바로 자신이라는 것을 느껴보기 바라요.

내가 어떤 사람인가 생각하지 말고, 내가 무엇을 잘하는지, 내가 얼마나 부족한 사람인지 그런 생각은 더 이상 하지 말고, 그냥 팔에 닿은 손바닥의 감각에만 집중해 보세요. 부드럽고 따스한 그 느낌에만.

그대 엘은 그런 사람이에요. 부드럽고 따뜻한 사람.

자신에게 말해 주어요.

"난 부드럽고 따뜻한 사람이야."

그리고 이 말도요.

"난 참 소중한 사람이야."

사랑을 속삭일 때의 목소리, 바로 그 목소리로.

한마디 더 해주세요.

"난 참 멋진 사람이야."

책을 읽고, 생각을 하고, 행동까지 하는 그대 엘. 와우~ 멋짐 폭발입니다.

지금 주변을 한번 살펴보세요. 이 책을 읽고 있는 시간을 같이 할 물건들이 혹시 있나요? 밑줄을 그을 펜이나 다시 읽고 싶은 부분에 붙여 둘 포스트 잇 같은 것이 옆에 있나요? 아니아니, 없어도 상관없어요. 자신에게 물어보아요.

나는 어떤 사람인가?

지금 이 상황을 통해 한번 생각해 보기로 해요.

책은 오로지 눈으로만 읽고 펜 자국이 남는 것은 싫어하는지, 시험 공부하는 교과서처럼 밑줄 좍좍 긋고 간혹 별표까지 해가면서 읽는지, 다시 보고 싶은 페이지의 귀퉁이를 살짝 접어두는 것이 왠지 모르게 설레는지, 책의 귀퉁이가 접히는 것이 마치 내가 구겨지는 것 같아 싫은지 등등….

지금 그냥 책을 덮어도 좋아요! 조금 이따가 생각나면 언제든 다시 내 맘대로 돌아올 수도 있습니다. 또 물론 영원히 돌아오지 않아도 되죠. 내 맘대로 해도 되는 말랑말랑학교니까요.

일단 한번 해볼까요?

책을 덮고 학교를 박차고 나가는 겁니다. 아주 당당하게. 갈등하지 않고 눈치 보지 않고 내 맘대로.

"학교가 너무 힘들고 싫으면 학교를 그만둘 수 있는 용기도 필요합니다. 그건 자신을 위한 권리입니다. 학교는 무조건, 억지로 다녀야 하는 곳이 결코 아니에요. 학교와 담임은 여러분들을 위해, 도움을 주기 위해 존재하지만 여기에서의 시간들이 너무 힘들고 불행하다면 굳이 다니지 않아도 된다고 생각해요."

변화를 위한, 세상 어디에도 있는 말랑말랑학교

학교를 힘들어하는 아이들에게 실제로 했던 이야기입니다. 선생이 무슨 수를 써서라도 아이가 학교를 다닐 수 있도록 해야지, 어떻게 그만두어도 된다고 말하냐며 화를 내는 학부모도 있었지만, 나는 그 말을 주워 담지는 않았어요.

"학교는 선택이라고 생각해요. 아이들의 성장 과정에 필요하고 아이에게 도움이 될 거라는 생각으로 학교를 보내지만, 그것이 아이를 너무 힘들게 한다면 다른 길도 있다는 것을 말씀드리는 거예요. 아이가 무엇을 힘들어하는지를 제대로 알고 도움을 주는 것이 어른들의 일이라고 생각해요. 아이에게 학교를 그만둘 수도 있다고 이야기한 것은 한편으로 아이 스스로가 학교를 선택할 수도 있다는 것을 말해 주는 것이기도 하답니다."

"학교 다니기 싫어요." 라는 아이에게 "그래, 그럼 그만 다녀도 돼, 네가 다니기 싫으면 그만이지 뭐." 라고 무작정 말하라는 의미는 절대 아니에요. 아이가 학교에 다녀야 할 이유, 다니고 싶은 이유를 함께 찾을 수 있도록 도움을 주어야 한다는 것이지요. 정말 그 어떤 이유도 찾지 못한다면 그만두는 것도 하나의 방법이라고 생각하고요. 인생을 살아가는 길이 오로지 남들이 가는 길 하나만 있는 게 아니니까요.

이왕 시작한 것, 우리 제대로 일탈 한번 해 봅시다! 책 확 덮어 버리고 말랑말랑학교 그만두어 봅시다.

행동하는 멋진 그대 엘! 망설이지 말고 일단 한번 '질러' 봅시다. 그거 뭐 어려운 일이라고. 책만 덮어버리면 되는 것을!

말랑말랑학교는 변화와 성장을 위한 곳이에요. 지금보다 나를 더 잘 알고 제대로, 더 많이 사랑해주는 사람이 되는 것이 목표지요. 그러기 위해서 이 책을 잘 활용해 주었으면 해요. 학창 시절 교과서를 생각해 보아요. 교과서에는 밑줄도 긋고, 메모도 하고, 보충해야 할 내용이 있으면 메모지에 적어 붙여 놓기도 하고, 책에 나온 질문에 답도 하잖아요. 내가 쓴 것이 정답이 아닌 것 같으면 지우개나 수정테이프를 이용해 지우거나 죽죽 줄을 그어 버리고 다시 쓰기도 하고요. 가끔은 만화 캐릭터로 낙서를 하기도 하고, 진짜 공부하기 싫다며 친구를 떠올리며 편지를 쓰기도 하고, 주말에 놀러 갈 일을 생각하며 신이 나서 하트로 책을 도배를 하기도 하잖아요. 이 책의 가장 좋은 활용법은 자신만의 책으로 만드는 것이에요. 눈으로 읽고 마음으로 위로 받는 것에 그치는 책이 아니라 그대 엘이 함께 만들어 가고, 그래서 말랑말랑학교 날 사랑학기가 끝났을 때는 세상에 단 한 권, 그대 엘만의 책을 만드는 것이지요. 교과서를 가지고 오지 않아 옆 반 친구의 책을 빌렸을 때의 기억을 떠올려 보세요. 나와는 다른 교과서 사용법에서 느끼던 낯섦이 있지 않았나요? 이 책은 그대 엘만을 위한 말랑말랑학교의 인생 교과서입니다. 그러니 그대 엘만의 기록들이 담기게 되겠지요. 그건 오로지 그대 엘만이 할 수 있는 일이에요.

1. 나만 힘든 것 같아

그대 엘, 오늘 하루는 어땠나요? 오늘은 힘든 날이었나요? 혹시 남들은 다 잘 살고 있는 것 같은데 나만 힘들다는 생각을 하지는 않았나요?

작가와의 만남을 통해 마주했던 인문계 고등학교 아이들 중에 한 아이가 이런 질문을 했어요.

"9등급으로 나누어진 현실에서 가장 불쌍한 아이들이 1.5등급의 아이들이라고 합니다. 죽을 만큼 노력하지만 절대 1등급으로 올라갈 수는 없고, 그럼에도 끝내 자신도 부모도 포기하지 못하고 '조금만 더'에 매달려 피가 마르는 아이들이 바로 1.5등급의 아이들이라고. 선생님의 생각은 어떤지 궁금합니다."

그 아이의 말이 끝나자 내가 말할 틈도 없이 바로 한 아이가 말했어요.

"9등급 중에서 불안하지 않고 피를 말리지 않는 아이들이 어디 있겠어? 4등급인 나는 편할 거 같아? 엄마는 늘 닦달하지. 1등급은 고사하고 2등급까지도 바라지 않는다고. 딱 한 등급만 올려보자고, 3등급은 되어야 하지 않겠냐고. 어정쩡하기 짝이 없는 이 등급으로는 아무것도 안 된다고. 한 등급만이라도 올리고 싶은 마음, 아니 내 마음보다는 엄마의 바람⋯. 나도 매일 매일이 피가 마르는 날이라고."

말끝을 흐리는 아이의 눈에는 눈물이 가득 고여 왔어요. 그런 아이를 곁눈으로 힐끔힐끔 쳐다보며 한 아이가 어렵게 말을 시작했어요.

"전 솔직히 가장 바닥이에요. 9등급. 선생님들도 등급이 어느 정도는 되는, 적어도 6, 7등급은 되는 아이들에게만 성적 이야기를 하는 것 같아요. 친구들은 저보고 쉽게 말해요. 넌 좋겠다고. 어차피 포기했으니 마음은 편하지 않으냐고. 사람들 눈에는 그렇게 보일지도 몰라요. 하지만 저도 매일 매일을 눈치 보고 스스로 구박하면서 절망감을 느껴요. 하루에 9시간씩 하는 수업을 저는 하나도 알아듣지 못하면서 그냥 앉아 있어요. 그 어떤 선생님도 저에게는 기대의 눈빛 한번 주지 않고요. 저는 그냥 투명 인간이에요. 제가 가장 두려운 건, 나조차도 나에게 기대를 할 수 없다는 거예요. 나중에 어른이 되어서도 여전히 9등급의 맨 밑바닥 인생을 사는 게 아닐까 너무 무섭고 두려워요."

그렇게 아이들은 자신들의 이야기를 쏟아내기 시작했고, 마지막까지 듣고만 있던 한 아이가 조심스레 자신의 손등을 보여 주면서 이야기를 시작했어요. 아이의 손등에는 자해의 흔적이, 채 아물지 않은 상처가 선명했습니다.

"나도 모르게 칼로 내 손등을 긋고 있었어요. 전 아무 감각도 없었는데 짝이 소리를 지르며 울고 그 소리에 반 아이들이 고함지르고 난리를 치는 통에 퍼뜩 정신을 차리니 손등에서 피가…. 저는 이 학교 전교 1등입니다. 아직까지는 한 번도 1등을 놓쳐 본 적이 없어요. 하지만 전 늘 불안에 시달려요. 매일 5층의 우리 반 교실에서 저 혼자 1층 교실로 떨어지는 꿈을 꿔요. 제가 앉은 자리만 구멍이 뻥 뚫리면서 혼자 1층으로 떨어지는데 그 공포는… 말로 표현하기 어려워요. 사람들이 넌 무엇이 걱정이냐고 하지만 언제 2등이 되고 5등이 되고 10등 밖으로 밀려날지 모른다는 불안감… 그 불안감이 봤던 책을 보고 보고 또 보게 해요. 책을 덮으면 불안해서 잘 때 교과서를 책상 위에 죽 펼쳐두고 자는 버릇도 생겼어요. 지금은 침대의 절반이 책이에요. 자다가 눈 떠서 바로 볼 수 있게 침대에 책을 펴 두어야만 잠들 수 있거든요.”

아이들은 자신들에게 가장 절실하고 간절한 것이 무엇인지 아느냐고 내게 다시 물었고 대답 역시 자신들이 하더군요. 스마트폰을 마음대로 하는 거? 인터넷, 게임 실컷 하는 거? 그들이 가장 원하는 것은 “내 마음을 좀 알아주세요.”였습니다.

“한다고 했는데 성적이….”

라고 힘들게 말할 때,

“한다고 한 성적이 겨우 이 모양이야? 어쩌려고 이러니? 이런 성적으로 도대체 뭘 할 수 있다는 거야?”

“그걸 공부했다고 하면 안 되지. 고만큼 해서 성적이 오를 거라 생각한 거니? 너 공부하는 거 보면서 뻔할 거라고 생각했었어. 그러면 그렇지.”

라는 말 대신,

"그랬구나. 한다고 했는데 결과가 기대에 미치지 못하여 많이 속상하고 서운하겠구나."

라며 자신들의 마음을 좀 알아 달라고. 그러면서 입 모아 말하더군요.

"나만 힘든 줄 알았어요. 다른 아이들은 다 잘하고 있는데, 나만 죽을 만큼 힘들다고 생각했는데."

힘들지만 그렇지 않은 척, 자기는 잘 해내고 있는 척, 괜찮은 척 하면서 가면을 쓰고 살고 있었다고. 힘든 티를 내면 그 또한 지는 거라 생각하며 참고 살았다고. 그런데 오늘 자신뿐만 아니라 바로 옆의 친구도, 그 옆의 친구도 고통과 상처를 안고 살고 있다는 것을 알게 되었다고. 그러면서 이럽니다.

"우리가 어쩌다가 이런 마음의 이야기를 다 하게 되었지?"

"다 털어놓고 나니 제대로 숨이 쉬어지는 것 같아."

"이렇게까지 솔직하게 내 마음을 이야기해 본 적은 처음인 것 같아."

힘들다 표현하는 것조차 '지는 것'이라 생각하며 살고 있는, 힘든 마음을 있는 그대로 털어놓을 곳이 없어 외롭게 혼자 안으로 안으로 곪아 가고 있는 아이들의 이야기를 들으면서 많은 생각을 하게 되더군요.

그대 엘, 나에게 물어봐 줄래요? 목소리 내어 말해 주어요.

"지금 힘든가요" 라고.

그러면 샘정이 대답할게요. "네" 라고.

나도 힘든 일이 많거든요. 그대 엘이 또 말해줄래요? 목소리 내어

변화를 위한, 세상 어디에도 있는 말랑말랑학교

내게 들리게 말해 주어요.

"그렇군요. 샘정도 힘들군요. 나만 힘든 게 아니군요" 라고….

지금 그대 엘을 가장 힘들게 하는 이야기를 샘정에게 들려줄래요?
내가 들어줄게요. 글로 적어 보아도 좋고요.

지금 그대 엘을 힘들게 하고 있는 거 3가지를, 우선순위를 정해서 이야기해 보
세요.

---

2. 그땐 정말 왜 그랬을까?

그대 엘은 찾아가고 싶은, 혹은 가끔 찾아가는 학창 시절 선생님이 있나요? 내가 재벌인 이유 중 하나는 30년 넘는 교직 생활 동안 함께 했던 학생들 덕분이에요. 제자가 많은 샘정은 사람 재벌이거든요. 샘정은 원래 착한 사람이 아닌데 직업이 준 또 하나의 선물이 바로 '착한'이라는 단어랍니다.

"선생님은 착한 사람은 아닌데 착한 선생님 코스프레를 하려니 솔직히 힘듭니다."

종종 이렇게 말하곤 했어요. 하지만 긴 세월, 착한 선생님 코스프레를 하다 보니 조금씩 체득이 되어 착해지는 것 같더군요. 물론 여전히 착함이 부족하기 때문에 이름에 소망을 담아서 '착한'이라는 말을 넣었지만요.

변화를 위한, 세상 어디에도 있는 말랑말랑학교

제자들이 찾아와 자주 하는 말이 있어요.

"선생님, 고등학교 시절로 다시 돌아갈 수만 있다면, 그때는 공부 열심히 해 보고 싶어요. 절대 농땡이 치지 않고 공부만 죽어라고 할 거예요. 왜 그때는 그렇게 공부가 하기 싫었는지. 그 시절로 돌아갈 수만 있다면 원 없이 후회 없이 공부할 것 같아요."

"무엇을 위해서?"

"네?"

"무엇을 위해서 고등학교 시절로 돌아가면 그렇게 원 없이 후회 없이 공부를 해 보고 싶어?"

"그때 안 그랬으니까. 못 해 봤으니까. 후회되니까."

많은 사람들이 시간을 되돌리고 싶다는 생각을 할 때가 있을 거라 생각해요. 그대 엘은 시간을 되돌리고 싶다면 몇 살, 어느 순간으로 돌아가고 싶은가요? 얼마 전에 찾아온 제자 역시 학창 시절로 돌아가고 싶다는 이야기를 하기에 이런 이야기를 해 주었어요.

"요즘 들어 소설, 영화, 드라마 할 것 없이 과거로 돌아가거나 미래로 가는 이야기들이 많은 것 같아. 그만큼 지금 현실이 만족스럽지 못하다는 반증이 아닐까 싶기도 해. 그런데 말이야, 한 사람의 시간이 오로지 그 사람만의 시간일 수 있을까? 지금 우리가 마주 앉아 있는 이 시간은 어떨까? 네가 돌아가고 난 뒤 나는 너와의 시간이 좋은 추억이 되어 행복한데, 너는 괜히 찾아갔다고, 다 지난 옛날 선생과의 만남은 시간 낭비였다 생각하고 나를 만나러 출발하던 순간으로 돌아가 약속을 취소하고 친구를 만나러 가는 선택을 했다면? 네가 과거로 돌아가

다른 선택을 하는 순간 나에게는 어떤 일이 일어날까? 너와의 약속, 설레는 기다림, 함께한 행복한 추억들도 전부 사라져 버리겠지. 시간은 오로지 나만의 것이 아닌 수많은 사람들과 얽혀 있어. 시간은 되돌릴 수 없는것 아닐까? 아니 되돌리면 안 되지 않을까? 만약 시간을 되돌릴 수 있다면, 한 사람의 그 되돌림으로 인해 많은 사람들의 시간들이 함께 뒤엉켜 버릴 테니까. 만약, 나는 그 시간이 되돌리고 싶은 순간인데 누군가에게는 절대 되돌리고 싶지 않은 소중하고 행복한 순간이라면? 한 순간에 대한 의미와 기억은 모두 다를 수밖에 없잖아. 시간을 되돌릴 수 없기에 그나마 사람들은 조금 덜 후회하는 삶을 살아가려 노력하는 거라 생각해. 지금 네가 고등학교 시절로 돌아가 열심히 공부해 보고 싶다는 이야기를 하는 것은, 그 시간이 아쉽고 후회되기 때문일 거야. 하지만 그런 생각을 하게 된 것 역시, 공부하지 않은 시간을 지나와 보았기 때문에 알 수 있는 것이 아닐까. 누구에게나 되돌리고 싶은 순간들이야 수없이 많을 거야. 중요한 것은 되돌릴 수 없다는 사실이지. 단 5분 전으로도 되돌릴 수 없다는 거. 그게 가장 중요하고 우리가 잊으면 안되는 거라 생각해. 지금 할 수 있는 것은 이 순간이 되돌리고 싶은 순간이 되지 않도록 살고자 하는 것, 그것이 전부가 아닐까?"

『나는 대한민국의 행복한 교사다』에서도 비슷한 이야기를 했었어요. 그러면서 이렇게 썼었지요.

'나는 나의 직장인으로서의 시작 즈음을 지금 많이 후회한다.'

홍상수 감독의 영화 중 〈지금은 맞고 그때는 틀리다〉라는 것이 있는데 나는 이렇게 이야기하고 싶어요. '지금도 맞고, 그때도 맞았었다

변화를 위한, 세상 어디에도 있는 말랑말랑학교

고. 그래서 지금의 나는 나의 직장인으로서의 시작 즈음을 후회하지는 않는다' 라고 다시 쓰고 싶어요. 과거는 절대 변하지 않는데, 과거로 돌아가서 제대로 돌려놓고 온 것도 아니면서 이제 와서 무슨 딴소리를 하느냐고 할지 모르지만 그렇게 말하고 싶어요. 지금 그 시절을 후회하는 것은 그동안 그런 시행착오의 시간들을 통해 생각이 넓고 깊어져 그때 잘못했었다고 판단할 수 있게 되었기 때문이라고 생각해요. 잘못하지 않았다는 것이 아니라 그때는 그게 최선이라고 생각했었다는 것을 말하고 싶은 거랍니다. 그 시절의 나는 그것이 잘못되었다는 것을 알면서도 선택했을까요? 일부러 타인에게 상처를 주고 일을 그르치려고 했던 것일까요? 그렇지는 않다는 것이지요. 그때의 나로서는, 내 능력으로서는 그것이 최선이라고 생각했기 때문에 선택했겠지요. 하지만 시간이 지나 '그때 그러지 말걸, 다른 방법도 있었는데' 라는 생각을 할 수 있게 된 것은 그러지 않을 수도 있는 다른 방법을 알게 되면서 성장했기 때문이라고 생각해요.

그래서 과거를 지금의 잣대로 되돌아보면서 '틀렸다, 잘못했다며 '그땐 정말 왜 그랬을까, 이렇게 했었어야 하는데' 라며 후회하지 말았으면 해요. 물론 '이미 지나간 것이고 되돌릴 수도 없으니 무조건 맞다, 어쩔 수 없잖아' 라며 덮어야만 한다는 건 아니에요. 과거에 대해서는 감정적인 후회 대신 냉철하고 이성적인 평가가 있었으면 해요. 그래야 그 시간들이 지금과 미래에 대한 준비가 되어 줄 수 있을 테니까요. 지금의 우리는 거의 매 순간 선택을 하고 있지요. 우리는 지금 어떤 선택을 할까요? 지금 우리가 할 수 있는 최선의 선택을 하고 있을 겁니다. 지금 하고 있는 이 최선의 선택들이 미래에 또 다른 '그때 왜 그랬을까'를 말하게 할지는 아무도 모르는 일이지만, 우리는 지금의 선택이 최선이라고 믿고 나아갈 수밖에 없지요.

그대 엘, 돌아보며 후회하지 말기로 해요. 우리는 늘 순간마다 최선의 선택을 하며 살아 왔잖아요. 비록 그것들이 지금의 나에게는 만족스럽지 않아 보여도, 우린 우리의 과거를 있는 그대로 인정하기로 해요.

'나는 지금까지 충분히 잘 해왔다, 그리고 앞으로 조금씩 조금씩 더 잘하며 살아갈 것이다' 라고.

내가 자주 하는 말이 있어요.

'살아 보니 인생이라는 건 무조건 남는 장사더라.'

어떤 것에서도 배울 것이 있고, 얻는 것을 찾을 수 있다면, 인생은 남는 장사임이 분명합니다.

오늘 한 일 중 가장 좋았던 일은 무엇인가요? 그 일이 후회되는 날은 절대 오지 않을까요?

_____

_____

_____

_____

변화를 위한, 세상 어디에도 있는 말랑말랑학교

3. 제대로 하는 게 하나도 없어

　　아이들을 보고 있으면 그 안에 세상이 다 담겨 있다는 생각을 할 때가 있어요. 학기 초에 반장 선거를 할 때도 그렇고 모둠별 멘토 팀을 구성할 때도 그렇고 아이들은 완벽한 아이, 아니 완벽해 보이는 아이보다는 어딘가 한두 군데 부족해 보이는 아이를 선택하는 것을 보게 되요. 우리 반에 전교 1등을 하는 아이가 있었어요. 공부뿐만 아니라 얼굴도 예쁘고, 키도 크고, 노래도 잘하고 그림도 잘 그리고 말도 잘하고. 정말 뭐 하나 부족한 것이라고는 없어 보이는 아이였어요. 그중에서도 수학을 아주 잘했는데, 수학 멘토 팀을 구성하는 날 놀라운 일이 벌어진 거예요. 나름 수학을 잘한다는 아이들 5명이 멘토가 되어 친구들의 수학 공부를 도와주겠다고 했고, 아이들은 자신이 수학을 배우고 싶은 친구들을 선택해서 자유롭게 모둠을 구성하여 또래 학습 공동체를 만들기로 했지요. 그런데 단 한 명에게도 선택받지 못한 아이가 바로 수학을 가장 잘하는 전교 1등 하는 아이였어요. 그 아이는 평소처럼 자신감 넘치는 모습으로 가장 많은 아이들이 자신을 선택할 거라는 기대에 차 있었는데 반 친구들이 4명의 멘토들을 향해 이동을 하는 동안 혼자 덩그러니 서서 친구들을 바라보게 되었어요. 어느 정도는 예상을 했지만 솔직히 나도 당황스러웠답니다.

가장 많은 아이들이 선택한 멘토는 평소에 크게 눈에 띄지도 않았던 얌전한, 수학을 아주 잘하는 것도 아닌 자그마한 체구의 수연이라는 아이였어요. 아이들의 선택 이유는 편할 것 같아서, 친절하게 잘 가르쳐 줄 것 같아서, 부담스럽지 않아서였어요. 그다음으로 아이들이 많이 선택한 멘토는 어디서든 춤이 저절로 나오는 말 많고 흥 많고 사람들을 웃기는 재주가 있는, 키도 제일 크고 통통한 체구와 그보다 훨씬 넓은 마음으로 인해 큰고모라는 별명을 가진 혜진이였습니다.

그 일이 있고 아이들과 개별 상담을 했는데 놀랍게도 많은 아이들이 이렇게 말하는 겁니다.

"저는 제대로 할 줄 아는 게 하나도 없어요. 공부를 잘하는 것도 아니고 특별히 재능이 있는 것도 아니고. 완벽한 아이들을 보면 어떻게 저럴까 부럽고. 특히 우리 반 1등을 보면 너무 부러워요. 그 애는 못하는 게 없잖아요. 나도 저렇게 되고 싶은데 어림도 없는 소리죠."

그 아이처럼 완벽해지고 싶지만 완벽해 보이는 아이를 선택하지는 않는 이중적인 잣대를 보인 아이들.

제대로 할 줄 아는 것의 의미는 과연 무엇일까요?

아이들의 이야기를 종합, 분석해 본 결과 아이들이 생각하는 제대로 할 줄 아는 것은 바로 이것이었어요.

'남들에게 인정받는 것.'

'남들이 부러워할 수 있는 것.'

그래서 '제대로 할 줄 아는 것 찾기' 프로젝트가 시작되었어요. 아이들에게 각자 자신들의 지난 48시간의 행적들을 자세히 적어 보라고 했어요. 잠자기부터 방귀 뀐 거까지 최대한 자세하게. 아이들은 자신이 이틀 동안 너무도 많은 일들을 하면서 살았다는 사실에 놀라더군요. 종이에 적은 것들을 보면서, 자신이 생각하기에 제대로 할 줄 안다고 생각되는 것들을 찾기 시작했어요.

"선생님, 저는 밥 먹을 때 젓가락질을 제대로 잘하는데 이거 해도 되요?"

까르르 터진 웃음. 아이들은 그런 게 제대로 할 줄 아는 것에 해당되겠냐고, 원어민 선생님과 술술술 대화가 될 정도로 영어를 잘하거나 뭐 이 정도는 되어야 한다며 핀잔 섞인 말을 쏟아 냈어요.

"정말 그럴까요? 선생님을 한번 보세요. 제대로 보이나요?"

"네."

"제대로 잘 보여요."

"그래요? 제대로 잘 보인다고요? 눈만 뜨고 있으면 되는 건데 뭐 이런 것도 제대로 한다고 할 수 있을까요?"

순간 아이들은 두 눈을 동그랗게 뜨고 말을 잇지 못하더군요.

"내 목소리는 제대로 들리나요?"

아이들은 입을 다물고 대답을 하지 않았어요.

"선생님 목소리가 제대로 들리지 않나요?"

아이들은 아주 작은 목소리로 들린다고 대답을 하면서 생각이 많아지는 얼굴들이었어요.

"이제 제대로 할 줄 아는 거 두 가지는 완벽하게 검증까지 거쳤습니다. 세상에는 여러 가지 원인으로 인해 제대로 볼 수 없고 들을 수 없는 사람들도 많답니다. 제대로 보고 들을 수 있다는 거, 그것이 얼마나 소중한 능력이고 재산인지 잊지 말기 바라요. 나머지는 여러분들의 각자의 48시간에서 찾아보도록 하세요. 제대로 할 줄 아는 게 더 있을지 모르잖아요."

이윽고 아이들은 경쟁을 하듯 '제대로 하는 것'들을 쏟아 내기 시작했어요.

"전 지금 제대로 잘 앉아 있어요."

"제대로 숨 쉬고 있어요."

"라면 하나는 정말 제대로 잘 끓여요."

"공책 정리는 제대로 잘 해요."

"춤 하나는 정말 제대로 춥니다."

큰고모의 한마디에 아이들은 와르르 웃음을 쏟아냈고요. 제대로 잘 하는 것들이 너무도 많은 아이들이더군요.

그대 엘의 기억에도 완벽해 보였던 친구가 있나요? 혹여 그대 엘이 그 완벽한 사람인가요?

네이버 블로그에서 이런 질문을 해 왔어요. 아무리 피곤하고 잠이 와도 이것만은 꼭 하는 나만의 자기 관리 노하우가 뭐냐고. 그대 엘은 어떤 대답을 할 것 같은가요?

샘정은 한때 '꼭'이라는 단어, '절대로'라는 단어를 적지 않게 쓰며

변화를 위한, 세상 어디에도 있는 말랑말랑학교

살았어요. 꼭 해야지, 절대로 안 해야지… 나도 한때는 일명 완벽주의자였거든요. 그런데 어느 순간부터 그 단어들을 잘 쓰지 않게 되었어요. 꼭 하고 싶다는 생각은 있으나 한편으로 생각하면 꼭 안 해도 되지 않나 싶고, 절대로 안 해야지 하다가도 또 한편으로 좀 하면 어떠냐 싶고.

맞아요. 흐르는 대로 쉽게쉽게 산다고 할 수 있지요. 피곤하고 잠이 쏟아지는데 운동하고 자야지, 세수하고 자야지, 하는 것보다는 그냥 자버리는 걸 선택하곤 합니다. 졸음을 참아 가며 스트레스 받기보다는, 그냥 푹 자는 게 낫다고 생각하게 되었거든요. 아이들을 키울 때도 그랬어요. 잠이 쏟아지는 아이에게 양치질은 꼭 하고 자야 한다며 깨워서 화장실로 데리고 가는 대신 그냥 안아 재웠어요. 아이들의 충치 예방도 중요하지만 정서적인 안정과 편안함도 중요하다고 생각했기 때문이지요. 그런 날이 매일 있는 것도 아니고 정말 가끔 있는데 굳이 흔들어 잠을 깨워 가며 양치질을 시켜야 하는 건 아니라고 생각했거든요. 피곤해도 이것만은 꼭 하는 거? 도리도리도리~~ 없어요. 잘 먹고 잘 자고 조금 생각하고 즐거이 감사하며 일하고, 크게 망설이지 않고 질러뿌는 거. 이게 샘정의 자기관리 노하우입니다. 많이 고민하지 않고, 하고 싶은 거 그냥 해뿌는 거.

하고 싶은 것이 있으면 일단 질러 보는, 그래서 'Think & Do'를 외치는 사람이 있어요. 『블로그 투잡 됩니다』의 저자이자 휴먼 브랜드 '생각대로사는여자'로 활동하고 있는 사람북닷컴의 박세인 대표는 자신의 성공 비결이 완벽하게 잘하는 것이 많았기 때문이 아니라 하고 싶은 것이 있으면 일단 질러 보는 것, 해 보고 안 되면 말고의 정신 덕분이었다고 해요. 그런 생각이 그녀가 원하는 수많은 일들을 이룰 수 있게 도와주었고 결국 'Think & Do'라는 제목으로 직접 가사를 쓰고 노래 부르는 가수까지 될 수 있도록 만들어 주었다고 합니다. 그녀는 지금도 자신이 잘하는 것이 무엇인지, 하고 싶은 것이 무엇인지를 찾고 행동하는 삶을 이어가며 즐겁게 노래 부르며 말합니다. 준비된 자에게만 기회가 온다면 기회를 가질 수 있는 사람이 몇 명이나 되겠느냐고. 기회는 만드는 것이라고. 바로 자신 안에 있는 간절한 바람이 기회를 만드는 것이라고. 평범하다 생각되는 우리는 생각보다 할 줄 아는 것들이 훨씬 많다고. 행동하는 그대 엘, 바로 노래를 들어 볼까요?

Think & Do

수업 시간에 노래도 듣는 학교, 재밌지 않나요? 말랑말랑 학교에서는 뭐든 해보는 걸로, 일단 해보는 걸로.

뜻밖에도 제대로 할 줄 아는 것들이 너무 많다는 것을 알게 되고 완벽하지 않아도 된다는 걸 알게 되면, 삶이 조금 가벼워진답니다.

그대 엘도 잊지 말아요. 제대로 할 줄 아는 게 너무 많은 그대라는 걸. 완벽하지 않아서 그대 엘을 찾아주고 좋아하는 친구들도 있다는 걸.

제대로 할 줄 아는 것들을 적어 보세요. 사소한 것들도 좋으니 많이많이.

4. 난 특별히 더 불행해

그대 옐은 빨강머리 앤의 반대를 찾으라면 누구일 것 같아요? 너무 뜬금없는 질문에 당황스럽나요? 일단 빨강의 반대라면 보색으로 초록_{엄밀히 말하자면 청녹색}이니, 초록머리 앤?

개성의 시대라고 하고, 적성의 시대라고 합니다. 그래서 평범한 아이들은 고민하지요.

나는 개성이 없어. 나는 특별한 재능도 없어. 난 너무 보통이야.

"자신의 예명을 김보통으로 지은 만화가가 있어요."

이 한마디에 아이들은 아우성을 칩니다.

"우와 만화가. 좋겠다."

"부러워요. 그 사람은 그림을 잘 그리는 특별한 재능이 있잖아요."

"이름이 김보통? 너무 특별해 보여요."

빨강머리 앤의 반대는 우리입니다.

보통의 우리들이라고 말하고 싶어요.

빨강머리 앤은 늘 생각에 생각이 꼬리를 물지요. 즐거운 상상, 신나는 상상, 행복해지는 상상…. 초록머리는 아니지만 우리도 생각에 생각이 꼬리를 물고요. 하지만 빨강머리 앤과는 반대 방향으로.

'나는 특별한 게 없어. 특별한 게 있다면 남들보다 특별히 더 불행하다는 거, 부모도 잘못 만났고, 공부도 못하고, 생긴 것도 이 모양이고. 그렇다고 키가 크기를 하나 몸매가 좋기를 하나. 딱히 남다른 재주가 있는 것도 아니고. 그러니 늘 이 모양으로 이러고 있지.'

잠시 검은색의 깔끔한 기본 재킷을 상상해 보세요. 면접시험 볼 때나 입을 것 같은 그런 재킷. 특별한 개성도 없고 남달리 멋지다는 느낌도 없죠. 별로 눈에 띄지도 않고 존재감도 크게 없고.

이 재킷이 제대로 빛날 때가 언제인지 알아요? 해답은 이 재킷을 어떻게 입느냐에 있답니다.

스니커즈에 찢어진 청바지와 입어 자유로우면서도 너무 가볍지 않은 분위기를 연출할 수도 있고, 원피스와 입어 품위 있는 결혼식 하객 패션을 연출할 수도 있어요. 화려한 실크 블라우스에 정장 바지와 함께라면 외국 바이어를 만나도 될 오피스룩이 되기도 하구요. 가끔은 롱 드레스에 재킷을 어깨에 두르고 미술관을 거닐어도 되고요. 기본 재킷이 가지는 가장 큰 장점은, 그 누구와도 어울릴 수 있다는 거. 디테일이 강하고 개성이 강한 옷은 그 자체로는 멋질지 모르지만 다른 옷과의 코디가 어렵거든요. 가끔 한 번의 외출로 여러 가지 행사에 참

변화를 위한, 세상 어디에도 있는 말랑말랑학교

여해야 할 때가 있어요. 지인의 결혼식, 강연, 동창들과의 모임, 출판사 편집자와의 회의. 이럴 때 가장 유용한 것이 바로 기본 재킷이지요.

심한 알레르기 체질인 나는 특히 땅콩을 조심해야 하기 때문에 음식점에서 매우 조심스러울 수밖에 없어요. 소스 같은 것에 들어 있는데 모르고 먹은 경우가 몇 번 있어 늘 먼저 물어보곤 하지요. 유명하다는 한우 식육점에 간 적이 있는데 기름장이 나왔지만 당연히 참기름일 거라고 생각하고 막 먹으려고 하는데 사장님이 인사하러 와서는 직접 농사지은 땅콩으로 짠 땅콩기름이니 특별히 더 맛있을 거라고 하는 겁니다. 119 구급차에 실려 갈 뻔했던 아찔한 순간이었지요. 땅콩 알레르기가 있다는 말에 사장님은 당황해하며 큰일 날 뻔했다며 참기름을 갖다 주었어요. 그런데 한 친구가 이러는 겁니다.

"난 이런 알레르기도 하나 없노? 인생이 뭐 이렇게 평범한지 모르겠어? 특별한 거라곤 눈곱만큼도 없어. 평범해도 너무 평범해."

친구는 그 평범함이 얼마나 감사한 것인지를 모르는 것 같았어요. 자신이 너무 평범해서 싫다는 아이들에게 이렇게 권해 봅니다. 보색이 눈에 잘 띄듯이 나와 다른 사람들과 어울려 보는 것은 어떻겠냐고. 그 사람으로 인해, 그와 다르다는 이유만으로 나는 특별해 보이지 않을까 하면서요.

하지만 굳이 그렇게까지 특별함을 찾아야 하는 걸까요? 특별한 재능이 없다는 것은 하얀 도화지처럼 그 어디에도 어울릴 수 있다는 의미가 되기도 합니다.

친구들은 나를 보고 '무적성의 인간'이라고 해요. 내가 이래도 좋아좋아, 저래도 좋아좋아라 하는 사람이라나요. 많은 친구들이 교사이다 보니 만나면 학교 이야기를 할 때가 많고, 특히 신학기가 되면 자신이 전근 간 새 학교에 관해서도 많은 이야기를 하곤 해요. 학교도 다양하죠. 중학교, 고등학교, 여학교, 남학교, 남녀공학, 인문계고, 특성화고, 일반고, 자사고, 특목고 등등….

사람마다 자신과 특별히 더 맞는 학교가 있다고도 하고, 내신을 낼 때 그곳으로 가기 위해 노력을 하기도 하지요. 나는 모든 종류의 학교에서 근무해 본 것은 아니지만 늘 이렇게 말해요.

"지금 이 학교가 딱 내 적성이야."

다시, 평범한 기본 재킷 이야기로 돌아가 볼게요. 기본 재킷에서 가장 중요한 요소는 바로 재킷 자체의 품질이에요. 좋은 원단과 솜씨 있는 재봉사의 박음질이 더해진다면 정말 최고의 옷이라 할 수 있어요. 별 개성 없이 세상 어디에서나 볼 수 있을 것 같은 평범하고 무난하고 보통인 재킷인 것 같지만 사실은 가장 쉽게 차이가 나는 것이 바로 기본 재킷이에요.

특별한 것이 없어서, 그래서 내가 특별히 더 불행한 이유를 찾기 위해 생각에 꼬리를 무는 초록머리 앤은 더 이상 그만두기로 해요. 대신 품질 좋은 검은색의 기본 재킷 같은 존재가 되어 보는 것은 어떨까요?

그대 옐이 생각하는 '나만의 기본 재킷'에는 어떤 것들이 있나요?

5. 그래도 부러운 걸 어쩌라고

"많은 책에서 행복해지는 가장 쉬운 길은 타인과의 비교를 그만두는 거라는데… 그게 정말 안 돼요. 말로는 쉽죠. 남과 비교 안 하면 된다. 그런데 안 되는 걸요. 순간순간 나도 모르게 끊임없이 비교하고 있고. 그래서 또 속상하고. 비교해서 남들이 나보다 나은 것 같아 속상한 것도 있지만 왜 자꾸만 비교하게 되는지. 그렇게 하지 않으려고 수없이 다짐하면서도 자꾸만 비교하게 되는 나 자신 때문에 더 속상해요."

친구가 2박 3일 현장체험 학습을 다녀와서 바로 휴대폰을 바꾸었다고 해요. 그동안은 별 생각 없이 쓰던 휴대폰이었는데 현장 학습 가서 한 선생님이 최신형 폰의 기능에 대해 이야기를 하는 것을 보면서 자신의 오래된 구형 폰은 꺼내기조차 민망하더라고. 그래서 돌아와 바로 바꾸었다고. 그런데 후회한다고. 폰을 잘 사용하지도 않는 자

변화를 위한, 세상 어디에도 있는 말랑말랑학교

신에게 굳이 이런 최신 폰이 필요하지 않다는 걸 안다고. 그냥 그 순간 자신의 폰이 너무 초라해 보이고 마치 자신마저 그런 느낌이 든 것이 싫어 바꾸었는데 순간의 비교가 필요 없는 일을 하게 했다고.

몇 년 전 중3 담임을 할 때입니다. 우리 반 아이들이 영어 말하기 시험에서 27명 중 26명이 100점을 받고 1명이 80점을 받았어요. 평가 목표 관점에서 보면 80점을 받은 아이는 반에서 꼴찌입니다. 다른 반에는 0점도 몇 명 있고 보통 5~60점 받는 아이들도 많은데 80점을 받고도 우리 반 꼴찌가 되어 버린 거지요. 더구나 아이는 곧 학교를 자퇴하겠다며 책도 몽땅 휴지통에 버려 버리고 거의 수업에 참여하지 않고 있던 상황이었어요. 그런데 이 일로 아이는 자퇴 생각을 바꾸었고 누구보다 열심히 학교생활을 해 무사히 졸업해 자신의 꿈을 찾아 조리학과에 진학했답니다.

아이가 반 친구들과 자신을 비교하였다면, 그래서 자기는 반의 꼴찌라는 생각을 했었다면 결과는 완전히 다른 곳으로 흘러갔을지도 모를 일이에요. 다행히 아이는 반 친구들과 비교하여 꼴찌라는 등수가 아닌, 80점이라는 자신의 학습 성취에 초점을 맞추었기에 용기를 낼 수 있었다고 생각해요.

아이들에게 시험을 칠 때마다 '이번에 몇 등 해야지'가 아닌 '이 과목은 몇 점을 받고 싶어'가 되어야 한다고 부탁한답니다. 누구'보다' 잘하는 것이 아닌, 자기 '스스로'의 배움이 커지고 깊어지는 성장을 해야 한다고.

현실은 등수를 원할 거라고, 세상 물정 모르는 소리 하지 말라고 할지 모르지만, 80점을 받은 아이가 우리 반에서는 꼴찌라도 다른 반에서는 5등 안에 들 수도 있잖아요?

이렇듯 등수 비교에서는 누구와 비교하느냐에 따라 달라져버리지만, 그 어떤 상황에서도 변하지 않는 건 아이가 80점을 받았다는 '팩트'이지요. 아이 인생에서 80점, 그것도 영어에서 80점이라니. 아이의 노력이 담긴 대단한 점수인데.

지금까지는 0점도 수두룩하게 받아 보고 2~30점이 자신의 점수라고 생각했던 그 아이는, 노력해서 자신이 이룬 성과를 제대로 보고 그 성취감을 만끽하여 스스로 영어 선생님을 찾아가 재시가 가능한지도 물어 보고 다음 시험에는 100점을 받아 보겠다는 목표도 세우게 되었지요.

학교를 자퇴하겠다던 생각을 잠시 미루고 다음 시험을 위한 도전을 선택하게 된 아이. 몇 등이 아니라 자신이 받은 점수 그 자체의 성과와 의미를 마주한 아이. 같은 점수라도 등수로만 나타내는 평가 목표의 관점에서 볼 때와 자신의 성장과 문제 해결 능력을 나타내는 학습 목표의 관점에서 볼 때는 너무도 다른 상황이지요.

그대 엘, 이 아이 너무 멋지지 않나요?

클라라 마리아 바구스의 『봄을 찾아 떠난 남자』에 이런 부분이 있어요.

'의미란 본래 존재하지 않는다. 다만 우리의 평가만 있을 따름이다. 그리고 그 평가는 관찰자가 누구인가에 따라 달라진다. 그래서 비교는 사물이 가진 고유한 특성을 알아보지 못하게 방해할 뿐이다. 비교와 평가를 하면 우리는 세계를 있는 그대로 보지 못한다.'

공부도 우리네 삶도 마찬가지라고 생각합니다.

목표가 몇 등을 하느냐보다는, 내가 얼마나 문제를 잘 해결했느냐는 성취심에 있어야 한다고 생각해요.

만일 비교를 해야만 한다면, 비교 대상을 타인이 아닌 과거의 나로 정하는 것입니다. 지금의 나는 예전의 나와 어떻게 다른가? 성장하고 있나, 멋져지고 있나?

타인과 비교가 되려는 순간, 삐~~~ 하고 경고 버튼을 누르는 겁니다. 그리고 스스로에게 말해 주세요. '비교는 과거의 나하고만 하는 거야!' 라고.

어제의 나에게서 살짝만 나아지고 싶다면 어떤 것이 있을까요?

_____

_____

_____

_____

_____

_____

6. 남들 말은 다 맞는 것 같아

　　그대 엘은 운동을 좋아하나요? 꾸준히 규칙적으로 하는 운동이 있나요? 나는 운동을 별로 좋아하지 않아요. 시간을 내어 운동하는 것이 너무 힘들어 버스를 타고 다니는 삶을 선택할 정도랍니다.

　　텔레비전을 보다가 규칙적으로 운동하라고, 어디에는 이런 운동이 좋다고 방법을 가르쳐 주는 것이 나오면 재빨리 채널을 돌려 버립니다. 해야 하는 운동이 어찌나 많던지. 그거 다 하면서 살려면 운동만 하는 삶이어도 부족하겠다 싶었어요. 당연히 그렇게 해야 한다고 말하는 것도 강요하는 것 같아 싫었구요. 그리고 먹어야 하는 건강식품은 또 왜 그렇게 많담. 텔레비전 건강 프로그램에서 먹어야 한다는 것들 다 먹다가는 건강해지기 전에 배 터져 죽겠다는 말이 공감이 가지 뭐예요?

　　　　　　　변화를 위한, 세상 어디에도 있는 말랑말랑학교

"내가 수영 때문에 미치겠다."

오랜만에 만난 친구가 무척 수척해진 얼굴로 속상한 마음을 털어 놓았어요.

"내가 고혈압도 있고 콜레스테롤 수치도 높고. 약도 먹지만 운동을 꼭 해야 한다고 해서 에어로빅을 했는데 도저히 무릎이 아파서 하기가 힘든 거야. 그래서 이래저래 물어보니 수영이 좋다고 해서 수영장을, 그것도 1년 치를 덜컥 끊었다. 사람들이 어차피 하는 거 1년 치 한꺼번에 등록하면 싸니까 그렇게 하라고 해서. 그렇게 해놔야 귀찮아도 계속 가게 된다고. 그런데 너도 알다시피 내가 물을 무서워하잖아. 이제 두 달 조금 넘었는데 수영장만 생각하면… 이건 생지옥이 따로 없다…."

"그만두면 되잖아?"

"그만두려니까 적응이 되면 괜찮다고 뭐든 석 달 정도는 해 봐야 한다고 말리네."

"그건 사람마다 다를 수도 있잖아. 네가 너무 힘들면 그냥 그만둬 야지."

"남편도 어차피 시작한 거 꾸준히 하다 보면 괜찮아지지 싶다고 하는걸."

"남편이 다 아는 건 아니잖아. 네가 중요한 거지."

"뭘 하나 진득하게 하는 게 없다고 할 것 같고."

"뭐든 무조건 진득하게 해야 하는 건 아니잖아."

"같이 하는 사람 중에 나보다 나이가 일곱 살 많은 사람이 있는데 그 사람이 자기도 6개월 정도 하니까 괜찮아지고 지금은 수영장 오는 게 제일 좋대."

"그건 그 사람이고."

"운동은 해야 하는데 다리는 아프고 수영이 제일 다리에 무리가 덜 간다고 하고."

"그래도 수영장 가는 게 그렇게 힘들다며?"

"내가 수영장 들어가는 순간, 엎드려 물속으로 얼굴을 넣는 순간만 생각하면 몸서리가 쳐진다니까."

"그만두는 게 좋겠어. 신체의 건강도 중요하지만 정신적인 건강도 그 못지않게 중요하다고 생각해. 그렇게 스트레스 받으면서 그걸 꼭 해야 해?"

"다른 사람이 언니는 돈이 아깝지 않냐고. 물론 그만두면 다는 아니어도 환불은 받겠지만. 일단 등록한 만큼은 그냥 해 보라고. 또 같이 문화센터 다니는 친구는 다 큰 어른이 물이 무서우면 얼마나 무섭겠냐고. 엄살이 너무 심한 것 같다고 하니 내가 그런가 싶어서 좀 부끄럽기도 하고 한심하기도 하고."

"다른 거 다 제쳐 두고 딱 한 가지만 생각해. 네가 수영을 하는 것이 좋은지, 즐거운지."

"좋기는? 즐겁기는? 죽겠다니까. 미치겠다니까."

"그런데 뭐가 문제야?"

"옆에서 다들⋯."

"물론 옆에서 다들 널 위해서 이야기들을 하겠지만, 진짜 제대로

변화를 위한, 세상 어디에도 있는 말랑말랑학교

너를 위할 수 있는 사람은 너뿐이야. 다른 거 하나도 생각하지 말고 '너'가 하기 싫으면 그만두는 게 좋아."

"그럴까? 그럼 이번 달까지만 가고 그만둘까?"

"이번 달까지는 뭐하러? 그냥 지금 그만두는 거지."

"그래도."

"무엇을 위한 '그래도' 인지 생각해 봐!"

"꼭 그래야 하는 건 아니지만 그래도 시작한 거 이번 달까지는…."

"이번 달까지는 미치게 싫지만 꾹 참고? 그럴 이유가 있을까?"

"난 왜 이런 것들이 이렇게 어렵노? 하루에도 수십 번 그만둘까 생각하면서도 또 내가 이 나이 먹어서 이런 것도 하나 제대로 이겨 내지 못하나 싶고…. 이런 나를 보고 남들은 도대체 뭐라고 할까 싶기도 하고."

"쉽게 생각하자. 이 나이가 아니라 더한 나이가 되어도 이런 걸 굳이 제대로 이겨 낼 필요 없고, 남들은 네가 고민하니까 그냥 자신의 생각을 이야기하는 것뿐이야. 그들이 늘 옳지는 않아. 그리고 네가 어떤 결정을 하든 그 사람들은 그냥 그런가 보다 할 테고. 그러니 네가 원하는 것만 생각해."

"내가 원하는 거? 당장 그만두는 거지. 다시는 가고 싶지 않거든."

"그럼 깔끔하게 당장 그만두는 걸로."

타인을 향해 묻기 전에, 가장 먼저 진지하게 자신에게 물어보았으면 해요.

진정으로 간절히, 절실히 내가 원하는 것은 무엇인가를.

뽀글뽀글하게 웨이브가 강한 머리를 하고 싶어 파마를 하고 출근

했더니,

보는 아이마다 놀라며 말하더군요.

"어? 쌤~~머리가."

아이들이 더 말하기 전에 얼른 말했어요.

"완전 이쁘죠?"

"적응이 안 돼요."

"곧 적응될 거예요."

교무실에서의 반응도 다양했어요.

"갑자기 머리는 왜?? 무슨 일 있어요?"를 비롯해

"생기 있어 보여요."

"발랄해 보여요."

"귀여워요."

"잘 어울려요."

"예전 머리가 더 좋아요."

"완전 숏 컷트를 해보지 그래요?"

"길러도 괜찮을 것 같은데….'

"너무 뽀글하지 않아요?"

등등의 이야기도 나왔지만 남들은 자신의 취향을 기본으로 한 의견을 주는 것이므로 그런가 보다 합니다. 이 머리는 내가 원해서 한 머리니까요. 그리고 어떤 머리를 하던 나는 나를 이뻐하니까 좋아 좋아요.

간혹 나를 위해서, 내가 걱정이 되어서라며 말하려는 사람이 있다면, 이렇게 말해 주기로 해요.

변화를 위한, 세상 어디에도 있는 말랑말랑학교

"나를 위한 걱정은 내가 할 게요."

그대 엘, 그대를 위한 걱정은 그대 엘이 잘 하고 있죠? 나를 위한 걱정은 나도 잘 하고 있어요.

타인의 시선이나 충고로 인해 결국 포기해 버린 일이 있나요?

7. 너무 억울하고 분해

전화를 받는 순간 들려오는 아이의 울음소리. 이미 너무 울어서 지쳐가고 있는 울음.

"선생님, 저…저…"

"알아 알아, 우리 영선이네. 무슨 일로 이렇게 울고 있을까?"

"저 너무…힘들어서."

그리고 또다시 터진 울음. 도저히 감당이 안 되는 모양이었어요. 목소리를 높여 외쳤어요.

"영선아, 고마워. 정말 고마워. 선생님한테 전화해 줘서 너무 고마워. 고마워 영선아. 영선아, 선생님 말 듣고 있지? 고맙다는 선생님 말 들리지? 영선아, 정말 고마워."

그 순간 할 수 있는 말은 고맙다는 그 말이 전부였어요. 얼마나 힘

변화를 위한, 세상 어디에도 있는 말랑말랑학교

이 들었으면 저렇게 울었을까, 그리고 울음을 멈추지 못할까.

"선생님, 제가요….."

"지금 학교? 석식 시간인가 보네."

"석식 시간 끝났고…교실에 들어가야 되는데…야자 해야 하는데…."

또다시 터진 울음. 교실로 돌아가는 것이 너무 힘든 모양이었어요.

"그까이꺼 교실에 좀 늦게 들어가면 어때? 괜찮아. 지금 영선이가 하고 싶은 거 해보는 거지 뭐. 야자 땡땡이? 처버리는 거지 야. 괜찮아 괜찮아. 그까이꺼 뭐…."

"학교 애들이…애들이…저를…너무 미워…해서…너무 미워하니까…죽을 것 같아요. 너무 힘들어요."

그리고 또 한동안 이어신 아이의 울음.

"너무 억울하고 분해서…."

중학교 1학년 때 자기를 뒷담화 하고 자기가 친해지고 싶은 친구가 있어 다가가면 중간에 끼어 이상한 애라고 이간질을 시켜 친구를 사귀지 못하게 하고, 얼굴 크고 뚱뚱하다고 대놓고 말하거나 계단 올라가는데 다리만 찍어서는 친구들에게 전송하면서 인간의 다리냐고 비웃는 등 자신을 괴롭히던 아이가 있었다고 합니다. 같은 고등학교로 진학하게 되었지만 다른 반이 된 그 아이는 1학년 동안은 잠잠한 것 같더니 2학년 올라오면서 같은 반이 되었고 다시 자신을 괴롭히기 시작했다며, 얼마 전 반 아이들이 있는 데서 갑자기 이렇게 말을 했다고 해요.

"너 진짜 인간이 그러면 안 되지. 중학교 때 네가 애들한테 왕따 당하고 놀림당할 때 내가 도와줬는데, 애들한테 그러지 말라고, 쟤 괜찮은 애라 말해 주고, 아무도 안 놀아 줄 때 같이 다녀주면서 챙겨 주고 했는데. 니가 내한테 이러면 안 되지. 내 뒷담화 제대로 하고 다닌다면서? 은혜도 모르고 주제도 모르고 까불고 있는 너란 인간 정말 웃긴다. 얘들아, 얘가 이런 애다. 자기를 도와준 나를 이간질 시키고 없는 소문 만들어 뿌리고. 얘 정말 웃기지 않냐? 이러니 누가 얘를 좋아하겠어? 나라도 되니 챙겨 주었구만. 참나 어이가 없어서."

왕따를 시키며 괴롭혔던 장본인이 바로 자기면서 어떻게 저럴 수 있을까 싶었지만, 그 순간은 너무 어이가 없고 기가 막히니까 말이 안 나오더라고, 한마디 말도 할 수 없었다고. 엎드려 우는 게 자기가 한 전부였다고.

"너무 억울하고 분한 거예요. 그런데요 선생님, 제가 어떻게 했는지 아세요? 제가 사과했다니까요. 아무 잘못도 없이 당하기만 했는데… 정말 너무 억울하고 분한데, 거기에 대해선 한마디도 못 하고 제가 도리어 미안하다고 사과를 했다니까요."

그대 엘은 잘못도 없이 당하기만 한 아이가 왜 사과까지 했었는지 짐작이 가나요?

"저는 그래도 잘 지내보고 싶었어요. 진짜 사실을 아는 몇 명은 니가 왜 사과하느냐고, 그 아이가 해야 할 사과를 왜 니가 하느냐고 말렸지만… 저는 그냥 더 이상 아이들이 나를 미워하지 않았으면 좋겠다는 마음에… 사실 그 아이가 날 왕따 시키고 괴롭혔다고, 그런 이야기 친구들에게 한 것도 사실이고. 그건 솔직히 없는 말은 아니니까 그 부분을 내가 사과하면 그 아이도 거짓말한 거 미안해하지 않을까 하는 마음도 있고 해서."

하지만 결과는 아이의 기대와는 전혀 다른 방향으로 흘러갔다고 해요.

"아이들은 내가 하는 이야기는 제대로 안 듣고, 내가 미안하다고 한 말만 듣고는 소문은 걷잡을 수 없이 온 학교로 퍼져나갔어요. 그 아이가 나를 왕따 시켰고, 이번에 한 이야기의 대부분이 거짓말이라는 것에는 하나도 관심 없고, 오로지 내가 미안하다고 한 것만 가지고, 나를 모르는 애들마저도 복도 걸어가는데 너 진짜 싸가지가 바가지네, 도와준 고마운 친구 뒤통수 때리는 애라고 하면서 욕하는 거에요. 생긴 것도 이상하디, 저렇게 실이 쩌서 어쩌냐, 저 봄으론 살고 싶지도 않겠다 막 이러고."

그대 엘도 이렇게, 분하고 억울한 기억이 있나요? 혹시 있다면 어떻게 했었나요?

나도 종종 뒷담화의 주인공이 될 때가 있어요. 남들이 하는 뒷담화에 크게 신경을 쓰지 않지만, 이런 이야기까지 들어 봤어요.

"수업을 안 한단다."

"어떻게 수업을 안 할 수가 있어?"

"맨날 아이들에게 뭘 하라고만 하고 자기는 아무 것도 안 한대."

"수업 시간에 선생이 논다고? 그러면서 꼬박꼬박 월급 받고? 안 부끄러운가? 낯짝도 두껍다 참말로. 근데 그러고도 안 잘리는 거 보면

빽이 대단한가 보네."

수업 안 하고 노는 선생으로 이름을 날렸던 적이 있었어요. 그런데 세월이 지나고 나니 찾아오는 사람들이 생기더군요. 수업 안 하고 노는 방법을 배우고 싶다고. 수업 잘한다고 칭찬도 받고요.

교사는 지식을 일방적으로 전달하는 사람이 아니라 학생 중심의 자기주도적인 학습을 기본으로 아이들이 스스로 문제를 해결할 수 있도록 좋은 질문을 던지는 사람, 방향을 제시하고 안내하며 도와주는 사람이라고 생각해요.

20년 전에도 나는 그런 사람이었고 지금도 여전히 같은 사람인데 예전의 나는 수업 안 하고 노는 여고괴담의 주인공이었지요.

"애들한테 아무리 그런 거 아니라고 말해도 소용없고. 소문은 점점 더 이상해지고. 이제 곧 고3인데 공부해야 하는데, 자꾸 얼굴하고 몸 가지고 놀리니까 살부터 빼야 하나 싶고. 근데 이렇게까지 하면서 애들이랑 어울려야 하나 싶고. 책을 펴도 하나도 눈에 안 들어오고. 담임 선생님에게 이야기하니까 애들이 다 너를 미워한다는 건 너한테 문제가 있는 거 아니겠느냐고. 그 말을 듣는데… 오늘은 정말 살고 싶지가 않아서…죽으려…."

"사랑하는 영선, 선생님이 했던 말 기억하니? 죽음은 우리가 굳이 선택하지 않아도 우리에게 온다던 말. 기억나지?"

"네."

"하지만 사는 것은?"

"선택할 수 있다고…"

변화를 위한, 세상 어디에도 있는 말랑말랑학교

"누가?"

"내가…"

"어떻게 사느냐도?

"내가 선택할 수…"

"아니아니. 어떻게 사느냐는 내가 선택할 수도 있는 것이 아니라 선택하는 거라고 말했었는데."

"네…"

"우리 같이했던 중3 시절의 너를 기억해 봐. 넌 멋진 아이였어. 1학년 때 왕따로 힘들었던 거 다 이겨낸 씩씩하고 멋진 아이였어. 기억하지? 마음의 힘이 아주 강한 아이였어. 부드럽고 강한 아이."

"그래도 아이들이 자꾸…"

"그래, 아이들이 자꾸 그러니까 마음의 힘이 약해질 수 있지. 과거의 힘들었던 시절로 돌아가면 어쩌나 하는 불안한 마음에."

"무서워요."

"억울하고 분하지만 말로 자꾸 설명하고, 해명하려 할수록 일이 더 꼬일 때가 있어. 상대방은 자기가 듣고 싶은 말만 듣거든. 자기가 듣고 싶은 단어들만 기억하고, 그것들로 다시 새로운 문장을 만들고. 그래서 더 오해가 생길 때도 많아."

"맞아요."

"그래서 필요한 건 두 가지야. 침묵과 너희들 표현을 빌면 개… 무… 시. 완전 무시하는 거지. 말로 자꾸 설명하면서 해결하려 하지 마. 그냥 개무시. 너를 좋아하는 것도 아닌 그 아이들과의 관계가 굳이 좋아야 할 이유 없잖아. 제일 큰 두려움은 그 아이들이 너의 친한 친구들까지 이간질해서 그 친구들마저 너에게서 등을 돌릴까봐, 그래서 외로워질까 봐 그게 겁나는 거잖아."

"네… 너무 무서워요."

"영선이의 꿈을 이루기 위해서는 대학에 가야 한다고 했지? 대학 가고 싶어 인문계 왔다고."

"네."

"영선이 인생에서의 우선순위를 정해 보자. 친구들 놀림 때문에 살 빼기를 1순위로 잡을까?"

"아니요."

"영선이에게 단 1%도 도움이 안 되는 아이들과의 관계 개선을 1순위로 잡을까?"

"아니요."

"1년 지나고 고등학교 졸업하면 소식도 모르고 지내게 될 모르는 몇 명의 친구들이 등을 돌리는 것이 무서워 그 아이들과 친구 사이 유지하는 것이 가장 시급한 걸까?"

"아니요."

"세상에서 가장 소중한 사람은 누구?"

"…저요."

"그런 영선이에게 가장 중요한 일은?"

"공부해서 대학 가고 내 꿈을 이루는 거요."

"그럼 1순위로 무엇을 해야 할까?"

변화를 위한, 세상 어디에도 있는 말랑말랑학교

"공부요."

"땡! 틀렸습니다. 1순위는 눈물 쓰윽 닦고 턱을 살짝 치켜들고, 두 눈 가득 개…무…시를 듬뿍, 아주 듬뿍 담아서! 지긋이 그들을 보는 거지. 그리고 소리는 나지 않게 입모양은 정확하게 말하는 거야. 개…무…시…라고."

큭큭큭, 하고 처음으로 아이가 웃더군요.

가장 억울했던 일을 떠올려 보세요. 그리고 지금이라면 그 상황에서 어떤 말과 행동을 할 것인지 시나리오 작가가 되어 아주 디테일하게 그려 보세요.

_____

_____

_____

_____

_____

_____

_____

_____

_____

_____

_____

_____

8. 실패, 하나도 괜찮지 않아

　그대 엘은 수업 시간에 어떤 모습일까 상상해 보면서 오늘 이야기를 시작할게요.

　수업 시간에 아무 것도 하지 않고 앉아 있는 아이가 있어요. 아이는 모둠 활동을 할 때도 그냥 가만히 앉아 있기만 합니다. 말을 하지도 않고 모둠 활동에 참여하지도 않아요. 그렇다고 엎드려 자거나 하는 것도 아니에요. 그냥 그렇게 매 시간 가만히 앉아 있기만 해요. 또한 아이는 끊임없이 이야기를 합니다. 정말 쉴 새 없이 이야기를 하지요. 물론 그 이야기는 수업과는 전혀 관계없는 이야기이고요. 친구들이 들어주지 않아도, 귀찮아해도, 제발 입을 다물라고 해도 아이는 멈추지 않고 이야기를 합니다.

　두 아이 모두 수업에 참여하지 않는다는 공통점이 있는데 그 이유는 무엇일까요? 두 아이가 나타내는 반응은 전혀 다르지만 두 아이가 가지고 있는 가장 큰 것은 두려움입니다. 실패하는 것에 대한 두려움. 두 아이도 모두 실패에 대한 경험을 가지고 있고 그로 인한 두려움이 한 아이에게는 입을 굳게 다물도록 했고, 또 한 아이에게는 쉬지 않고 떠들도록 했지요.

놀랍게도 두 아이의 실패 경험은 비슷하더군요. 모두 초등학교 시절 수업 시간에 모둠을 대표하여 발표를 하게 되었는데 두 아이 모두 친구들로부터 제대로 하지 못했다는 핀잔과 야유를 받았다고 합니다. 모둠 친구들의 입장에서는 힘든 과제를 해결하고 자료를 잘 정리하여 주었음에도 불구하고 발표를 맡은 아이가 기대한 만큼 하지 못한 것이 아쉬웠겠지만 친구들의 야유와 비난은 아이의 가슴에 상처로 남게 되었죠. 그 결과 한 아이는 친구들과 관계를 형성하는 것에 대한 두려움이 커서, 거절당할까 봐 가까이 가지 못하고 혼자만의 성 안에 자신을 가두어 두었고, 또 한 아이는 혼자 남겨질까 두려워 끊임없이 이야기를 하며 자신의 존재를 인식시키려 애를 쓰는 중이었습니다.

만약 그대 엘이 이런 상황에 놓인다면 어떨 거 같아요? "이 정도의 일은 그럴 수 있는 일이라고 넘어갈 수 있지" 할지 모르지만, 그렇지 못한 아이들이 생각보다 많답니다.

실패는 지극히 개별화된 개념입니다. 내가 생각하기에 정말 하찮고 작아서, 실패라고 할 수도 없을 것 같은 일이 누군가에게는 평생의 상처가 되고 고통 속에 살아가게 만들기도 하거든요.

세상은 참 쉽게 실패를 두려워하지 말라고, 실패를 통해 배우고 실패를 통해 성장한다고 말을 하지요. 나 또한 한때는 그렇게 말하는 사람이었고요.

그대 엘에게 실패는 어떤가요?

『십대, 지금 이 순간도 삶이다』의 작가로 중·고등학교에 강연을 자주 가요. 얼마 전 그 책을 읽은 아이가 강연을 듣고 사인을 해 달라며 다가와서는 이러는 겁니다.

"다른 내용도 다 좋았지만 실패한 나도 사랑하라는 글이 가장 힘이 되었어요. 지금 저에게 하는 말 같았어요."

크게 한 대 얻어맞은 듯한 느낌이었어요. 그리고 집으로 돌아와 『스무 살엔 스무 살의 인생이 있다』를 다시 읽어 보았어요. 실패하는 것을 두려워하지 말라고 썼던 부분에서 눈과 마음이 오래 멈추어 있었어요. 그 책이 바로 작가로서의 나에게 실패라는 단어를 경험하게 해준 책이거든요. 솔직히 작가로서 출발부터 너무 좋았던 샘정이다 보니 책만 내면 당연히 늘 잘 팔리고 많은 사람들이 읽는 그런 책이 될 거라 생각했었어요. 그리고 그 책은 긴 시간 동안 정성 들여 준비한 책이었기에 유난히 애착이 가고 기대도 많이 한 책이었거든요. 하지만 반응은 기대에 훨씬 미치지 못했고, 실망한 나는 자신을 '한물간 작가'라 칭하며 더 이상 책을 쓰지 않게 되었지요. 주변 사람들은 그게 무슨 실패냐, 말도 안 된다는 이야기를 했지만 실패란 지극히 개인적인 개념이니까요. 내가 그렇게 생각하면 그건 실패인 거죠. 그것도 너무도 큰, 그래서 도저히 극복할 수 없을 것 같은 커다란 실패. 그렇게 5년이라는 시간이 지났고 지금 나는 다시 이렇게 책을 통해 그대 엘을

변화를 위한, 세상 어디에도 있는 말랑말랑학교

만나고 있어요. 스스로에게 붙여준 한물간 작가라는 이름을 벗어던지는 데 5년이라는 시간이 걸렸어요.

타인의 실패에는 그렇게 쉽게 "괜찮아, 이를 발판 삼아 더 성장하면 돼" 라고 이야기하면서 정작 나 자신에게는 그러지 못했던 거죠. 내가 쓴 책의 '실패한 나도 사랑하라'는 글이 가장 힘이 되었다는 말을 들었을 때의 기분은 말로 표현할 수 없을 정도예요.

나는 왜 실패한 나를 사랑하고 보듬어 주지 못했을까요? 아이들이 말하더군요.

"실패해도 괜찮다고요? 뭐가 괜찮아요. 하나도 안 괜찮은데. 너무 두려운 걸요."

바로 두려움이었어요. 또 실패할지도 모른다는 두려움. 또다시 반복되는 상황에 더 큰 상처를 받을지도 모른다는 두려움. 그 두려움이 어른인 샘정마저도 한물간 작가라는 이름 뒤에 숨어버리게 했던 거지요. 아무 것도 하지 않으면 더 이상의 실패는 없을 거라는 자기 방어기제로. 다시 이렇게 글을 쓸 수 있게 된 것은 두려움이 완전히 극복이 되어서는 아니에요. 여전히 두렵지만 그래도 다시 시도해 보는 것은 간절함이 나를 이끌었기 때문입니다.

이제 이렇게 말하고 싶어요. 실패를 두려워하지 말라는 말 대신에 실패가 두렵겠지만 두려움을 넘어서는 간절함을 찾으라고.

지금 그대 엘 마음속에 자리 잡고 있는 두려움을 여기에 꺼내 놓아 보세요.

변화를 위한, 세상 어디에도 있는 말랑말랑학교

9. 모두 내 탓이야

"선생님, 죄송해요. 이번에 승진하면 찾아뵈려고 했는데. 승진은커녕 퇴사를 해야 할지도 모르겠어요. 전 왜 이 모양인지 모르겠어요. 이번에는 진짜로 꼭 승진할 줄 알았는데. 남들처럼 번듯한 대기업은 아니어도 내 직장이란 생각으로 열심히 했는데. 사는 게 하나도 재미가 없어요. 뭐 마음대로 되는 게 없으니. 이런 무능력한 제가 선생님도 한심하시죠?"

"기억하니? 과학 탐구 대회 준비하던 거?"

"그게 언제 적 이야긴데요. 그딴 게 다 무슨 소용이에요."

"너무 취한 것 같으니 조만간 만나서 이야기하자. 술 깨면 지금 이야기도 잊어버릴 수 있으니 문자 남겨둘게. 과학 탐구 대회 준비하던 거, 그 시간을 추억해 보렴."

승진이 목표였는데 승진하지 못한 자신을 무능하고 한심하다 말하는 제자에게 그대 엘이라면 어떤 이야기를 해 주고 싶은가요? 예전의 나는 열심히 하면 기회는 꼭 온다는 말을 해 주었겠지만 그날은 과학 탐구 대회를 준비하던 시간들을 떠올려 보라는 말만 했어요.

　많은 사람들이 승진이 목표라고 말합니다. 그런데 승진이 과연 전적으로 나의 문제일까요? 내가 아무리 승진하고 싶어도 팀장 자리는 단 하나뿐이고, 그 자리에 누구를 승진시킬 것인가를 결정하는 사람도 내가 아니고 회사인데? 승진이 목표였는데 승진하지 못했다면 그것이 오로지 나의 무능력함 탓일까요? 승진처럼 삶의 목표가 외적인 성공이라면 쉽게 좌절하고 무기력해질 수 있어요.

　'최선을 다하라, 죽을 만큼 노력하면 안 되는 것이 없다!' 라는 말을 하지만 죽을 만큼이 아니라 극단적으로 정말 죽어도 안 되는 일이 있다는 진실도 존재합니다.

　"그래, 최선을 다해 봐. 너는 분명히 할 수 있을 거야."

　올림픽 금메달이 꿈이라는 아이에게 이렇게 응원과 격려를 하겠지요. 하지만 올림픽의 금메달은 세상에 단 하나입니다. 전 세계 수많은 사람들이 그 꿈을 가지고 자신의 최선을 다하구요. 하지만 금메달의 꿈을 이룰 수 있는 사람은 단 한 사람뿐이지요.

　"너 말고도 얼마나 많은 사람이, 너보다 능력 있는 선수들이 많은데, 그런 헛된 꿈은 꾸지도 마."

　이렇게 꿈조차 꾸지 못하게 해야 한다는 것이 아니에요. 다만 그 꿈을 향해 최선을 다하여 노력하도록 응원하고, 꿈을 이루지 못했다

하더라도 그동안의 과정도 값진 것이며 결과가 인생의 전부가 아님을 알 수 있도록 해 주어야 한다는 의미입니다. 금메달을 따는 사람보다 32강, 16강, 8강, 4강에서 지는 선수들이 더 많다는 사실을, 그리고 그들이 결코 무능해서가 아니라는 것을, 그다음의 삶을 잘 살아갈 수 있도록 해주어야 하는 것도 중요하다는 것을.

　오로지 금메달만이 성공이라 생각하지 말고 32강에서 지고 돌아온 선수들의 삶도 소중하고 가치 있음을 알아주어야 한다고 생각해요. 지게 된 이유가 오로지 그 선수의 실력만은 아닐 겁니다. 꿈을 이루고 싶다는 간절함이 적어서도 아닐 거예요. '나는 이 게임에서 이기지 않아도 괜찮아' 라며 경기에 나가는 사람은 없잖아요. 모두가 절절한 간절함이 있을 거잖아요. 그날 먹은 음식이 내 입에 맞지 않았을 수도 있고, 지나가던 사람이 떨어뜨린 물건에 발을 다쳤을 수도 있고, 잠자리가 유난히 불편해 평소와 달리 잠을 설쳤을 수도 있고, 대진 운이 유난히 나빴을 수도 있고요. 이처럼 선수의 실력과는 상관없는 변수들이 너무 많을 수도 있다는 거죠. 만약 결과만을 인정하여 '그 모든 것에도 불구하고 금메달을 땄어야 한다고' 그렇지 못한 것은 너의 능력 부족이라고, 그건 오로지 너의 문제라고, 네가 조금 더 노력했더라면, 네가 조금 더 너 자신을 믿었더라면, 네가 조금 더 승부 근성이 있었더라면, 네가 조금 더 네가 조금 더' 라며 개인에게 그 모든 책임을 묻는다면 그 선수의 노력은 무엇이 되고, 이후의 삶은 어떻게 될까요? 이 모든 것은 너의 책임이니 슬프거나 아프거나 고통스럽거나 절망스러운 것도 너 혼자 감당해야 할 몫이라고 한다면?

우리는 종종 이런 질문을 만납니다.

컵 안의 물이 반이나 남았는가, 반밖에 남지 않았는가?

긍정적으로 생각하라고, 네가 어떻게 보는지에 따라 다르다고, 긍정적으로 생각하지 못하는 것은 너의 탓이라 말하는 것은 가혹하다 생각해요. 팩트는 컵에 물이 반이 있다는 사실이지요. 반이나 남아 있다고 생각한다고 해서 물의 양이 반보다 더 늘어나는 것은 절대 아니니까요. 그저 반이 있는 거지요. 중요한 것은 그 반 컵의 물로 무엇을 어떻게 할 것인가입니다. 아무리 물이 반이나 남아 있다고 생각해도 이 물로 무엇을 할 수 있는 세상이 아니라면요? 반이나 남은 물이 아무데도 쓸모가 없다면 반이나 남았다고 생각하든 반밖에 남지 않았다고 생각하든 무슨 소용이 있을까요?

"쌤, 우리 그때… 그랬었죠? 우리 밤늦게까지 과학실에서 연습하면서 1등 하면 좋겠다고. 그런데 우리…1등은커녕 등수 안에 들지도 못했어요. 그런데도 우리 무지 좋아했었죠. 그때 선생님이 냉면 사줬었어요. 그거 기억하세요? 너무 질겨서 가위로 잘게잘게 잘라서 숟가락으로 퍼 먹었었던 냉면? 그때는 등수에 들지 못해도 좋았었는데. 심사위원들의 눈이 이상한 거라며 우리 안 뽑은 거 후회할 거라며 큰소리쳤었는데. 이제 알겠어요. 그때 괜찮았던 건 우리의 목표가 1등이 아니었기 때문인 것 같아요. 말로는 1등 하자고 했지만 그보다 더 좋았던 것들이 있었어요. 학원 안 가고 내가 하고 싶은 실험 실컷 할 수 있어 좋았고, 매일 저녁 떡볶이에 자장면을 먹을 수 있어 좋았고, 친구들과 같이 있을 수 있어 좋았고. 사실 우리 선생님 몰래 게임도 많이 했거든요. 회사 다니면서 승진 말고는 좋은 걸 못 찾았나 봐요. 승진 말고도 나를 위한 것들이 많이 있었을 텐데. 그리고 승진, 그거 맞아요. 내 탓만은 아니에요. 난 참 열심히 했는데 안 되었지만⋯ 그거 내가 무능력한 탓만은 아니에요, 그쵸? 잊고 있었어요. 최선을 다하지만 안 되는 것이 있다는 것도, 그것이 내 탓이 아닐 때도 많다는 것을. 그때 진짜 배운 것이 1등 하는 방법이 아니라 안 되도 포기하지 않고 계속 해 보는 거. 선생님이 만족할 때가 아니라 우리가, 내가 만족할 때까지 해보는 거, 그거였는데."

정말 열심히 했는데 원하는 결과가 나오지 않았던 일의 가장 큰 이유는 무엇이었을까요? 최선을 다했으니 그대 엘이 이유가 될 수는 없겠지요.

_____

_____

_____

_____

_____

_____

_____

_____

10. 아무도 날 챙겨 주지 않아

그대 엘은 유난히 힘든 날은 어떻게 하나요? 자신을 위로해주고 응원해주는 그대 엘만의 방법이 있나요? 좋은 방법이 있으면 살짝 공유해요 우리.

많이 힘든 날에 나는 나에게 상을 줄 준비를 한답니다. 오늘은 올해 들어 나 자신에게 제일 큰 상을 주고 싶은 날입니다. 학교가 유난히 힘들었던 월요일이었네요. 수업 동영상을 수없이 되돌려 보며 애썼다…참말로 애썼다… 잘 대처했어…참말로…를 또 수없이 반복한 그런 날입니다. 이런 날에는 누가 나를 챙겨 주길 바라기 전에 내가 나를 잘 챙겨 주려고 합니다.

맛있게 익은 파김치, 살짝 데쳐 식초, 간장, 들깨 가루에 조물조물한 머위들깨초무침, 시금치고추장무침, 국과 볶음의 중간 단계로 만든

변화를 위한, 세상 어디에도 있는 말랑말랑학교

애호박새우젓국, 약콩조림, 견과류멸치볶음.

오늘은 접시에 담는 것도 더 정성을 들였어요. 이렇게 나를 위해 음식을 만들고 밥상을 차리는 데 몰입을 하다 보면 그 시간은 내게 치유의 시간이 되어 준답니다. 밥상이 내가 나에게 주는 상이에요. 음식도 씹고, 힘들었던 순간들도 곱씹다 보면 조금씩 조금씩 스트레스가 풀어지곤 하거든요.

다시 출근해야 하는 아침. 출근하면 또 만나야 하는 아이. 응원상이 필요해요. 이런 날도 소박하지만 정갈한 밥상을 나에게 주지요.

미나리무침, 냉이된장찌개, 시금치무침, 풋마늘초고추장무침, 실파김무침

나이가 많다고 무조건 다 잘하는 건 아니지만 흘러온 세월을 통한 경험이 힘이 되곤 해요. 하지만 그것만으로도 해결되지 않는 문제들을 만나게 되고 힘겨운 시간을 보낼 때도 적지 않답니다. '30년 넘게 아이들을 만나온 교사가 중학교 1학년 아이와의 시간이 힘들면 얼마나 힘들겠어' 할지 모르지만, 한 아이를 위해 학교 전체가 함께 많은 고민을 하고 해결 방법을 찾으려 해도 길이 잘 보이지 않는 지금이에요. 많은 선생님들이 함께 고민하고 노력하고 있지만 과연 학교의 역할로 가능할까? 싶은 마음이 들기도 해요. 30년 넘는 교직 생활에서 이렇게 한마음으로 고민하고 공유하고 서로를 다독이며 조금이라도 더 아이들을 보듬어 안으려 노력하는 동료들은 처음이에요. 다 같이 최선을 다하고 있지만 결코 쉽지 않은 것을 우리 스스로도 압니다. 그 아이의 삶, 우리와 만나기 전의 13년이라는 시간을 거의 분노하고, 자

해하고, 다른 친구들에게 위협이 되는 행동을 했던 아이. 감당하기 힘든 모습을 보여 주는 아이. 그럼에도 불구하고 어떻게 도와줄 수 있을까 치열하게 고민하고 방법을 찾으려 노력하고 있는 중입니다.

함께이기에 또 힘을 내고 작은 희망을 꿈꿉니다. 그래서 직장으로 가는 준비를 하는 과정에서 아침 밥상은 중요하지요. 밥상을 차리는 건 나를 위한 응원이니까요. 그대 엘의 치유와 응원의 방법도 얼른 알려 주어요.

내가 나에게 밥상이라는 상을 주는 이유는 다른 사람은 몰라도 나는, 나만은 나에게 잘해주자는 마음에서랍니다. 물론 꼭 직접 만든 음식이어야 하거나 대단한 요리를 해야 하는 것은 아니에요. 라면 하나를 끓여도, 배달 음식을 시켜 먹더라도 나를 극진히 대접하는 마음으로 나를 위한 밥상을 차리고 싶은 거지요. 내가 나에게 주는 상인 밥상. 굳이 남들이 알아주고 그래서 남들이 주는 상을 받아야 하는 이유는 없죠. 내가 애쓰고 수고한 나에게 상을 주면 되는 거니까요.

블로그에 '재벌가의 소박한 식탁'이라는 카테고리를 만들고 직접 한 음식에 대한 글을 올리는데 많은 사람들이 귀찮지 않느냐, 남편은 좋겠다는 반응이 많아요. 물론 귀찮을 때도 많아요. 하지만 블로그에 올리는 날은 귀찮지 않은 날이니까 가능한 거죠. 힘들고 귀찮은데 억지로는 절대 못하잖아요. 그 집 남편은 좋겠다는 반응에 대해서는, 남편에게 물어보면 아마 다른 반응이 나올 걸요. 나는 거의 대부분 내가 먹고 싶은 음식을 만들거든요. 가족을 위해 밥상을 차린다기보다는 나를 위해 차린 밥상에 남편과 아이들의 숟가락을 얹어주는 경우가 훨씬 많기 때문이지요. 가족들이 특별히 먹고 싶은 것이 있으면 주로 음식을 만드는 나에게 미리 주문을 하거나 본인들이 직접 만들어 먹어야 한다는 게 내 생각이에요. 요리는 여자만의 일은 아니잖아요? 자신이 먹는 음식은 스스로 할 수 있는 사람이 독립된 어른이겠지요. 요리하는 것을 더 좋아하고 덜 좋아하고의 차이는 있을 수 있지만 말이에요. 많은 사람들이 오늘 또 뭘 해먹나 걱정이라고, 끼니때마다 밥상 차리는 게 너무 귀찮다고 하는데, 혹시 그 밥상 앞에 앉을 사람 중에 자기는 빼고 생각하는 건 아닐까 하는 생각이 들 때가 있어요. 내가 먹을 밥상이니까 내가 먹고 싶은 걸로 장봐서 차리면 되고, 내가 너무 바쁘거나 힘들어서 직접 차린 밥상이 힘들다면 세상에는 나보다 솜씨 뛰어난 요리사들이 많으니 그들의 도움을 받으면 되는 것이고요. 나를 위해서 좀 쉽게 살자고요. 내가 쉬워지면 주변 사람들의 삶도 쉬워질 거예요.

그대 엘, 기억해요. 내가 나를 잘 챙기는 거!

지금 그대 엘을 위해 "이것만은 꼭 챙겨주고 싶다." 라는 것은 무엇인가요?

_____

_____

_____

_____

_____

2장

문제학

오리엔테이션 1

멋진 엘, 지금까지의 과정을 돌아보면서 철학적 탐색을, 나는 어떤 사람인가에 대해 가벼운 탐색의 시간을 가져 보기로 해요. 지난 수업에서 손을 들어 어깨를 토닥여주라는 부분을 읽었을 때 어떻게 했나요?

별 생각 없이 그냥 했다.

'뭐지? 호기심이 생기는데' 라면서 했다.

'귀찮은데 왜 하라는 거야' 라고 생각했지만 그래도 했다.

'책이 별 걸 다 하라고 하네, 내가 이걸 왜 해야 하는데' 라면서 하지 않았다.

물론 이것 말고도 다양한 반응들이 있을 수 있겠지요. 그 어떤 반응이 좋다 나쁘다를 이야기하려는 게 아니에요. 신학기에 과학 수업

변화를 위한, 세상 어디에도 있는 말랑말랑학교

을 시작하면서 아이들에게 이렇게 이야기합니다.

"과학을 못해도 괜찮아요. 과학을 싫어해도 괜찮아요. 모든 아이들이 과학을 잘하고 좋아하고 과학 점수를 잘 받을 수 있도록 만드는 것이 선생님의 수업 목표는 아니에요. 과학 수업을 하면 할수록 '나는 과학하고 안 맞아' 라는 것을 제대로 알게 되는 것도 정말 중요하다고 생각해요. 우리가 함께 수업을 하는 이유는 과학 수업을 통해 자신이 어떤 사람인가를 조금 더 잘 알기 위해서예요. 과학에 흥미를 느끼고 좋아하고 잘해서, 그를 통해 과학과 관련 있는 분야로 진로를 찾는 사람이 있다면 더없이 좋겠지만 그것만이 전부는 아니라는 거죠. 다양한 수업을 통해 내가 무엇을 할 때 흥미를 느끼는지, 즐겁게 하는지, 힘들어 하는지, 어려워하는지 등등을 알아가는 거지요. 관심도 없다고 생각했던 것에 새로운 관심이 생길 수도 있고, 못한다고 생각했지만 두려움 때문에 피하고 있었던 것뿐이라는 사실을 알게 될 수도 있어요. 그래서 매 시간 선생님은 다양한 활동을 해 볼 수 있는 수업을 준비해 여러분에게 제시를 할 거고, 여러분들은 치열하게 최선을 다해 그 작업들을 해 보면서 자신에 대해 많은 정보를 얻기 바랍니다. 재미도 없고 하기 싫은 것도 열심히 해야 하는지를 묻는 사람들이 있던데, 내 대답은 "그렇다"입니다. 수업은 재미있고 좋아하는 것만 하는 것이 아니에요. 배움과 변화, 성장을 위한 시간이 쉽고 즐겁지만은 않으니까요. 과학 지식이 많지 않아도 살아가는 데는 별로 지장이 없지만 인내심을 가지고 포기하지 않고 치열하게 최선을 다해보는 경험은 인생을 살아가면서 꼭 필요한 것들이니 그 연습을 하는 건 중요해요."

그대 엘이 온 말랑말랑학교도 그런 곳이에요. 가장 중요한 목표는 내가 어떤 사람인지 조금 더 알아가면서 나 자신을 소중히 여기고 사랑하며 살 수 있게 되는 거. 이것이 우리의 목표랍니다.

그래서 손을 들어 어깨를 토닥여 주라는 말에 어떻게 반응했는지를 보고 가볍게 자신을 탐색해 보는 거지요.

어깨를 토닥여 주라는 글을 눈으로 읽는 것에서 그친 사람들도 적지 않을 거라 생각해요. 참 작은 행동 같지만 행동하는 것이 쉬운 사람은 그렇게 많지 않거든요.

많은 사람들이 생각에 머물러 있어요. 이거 해 보면 좋겠다는 생각은 하지만 그냥 생각에서 멈추고, 이번만큼은 제대로 해 보고 싶다는 생각은 하지만 또 그냥 생각에서 멈추고. 그대 엘만 그런 건 절대 아니랍니다.

나의 학급 운영의 목표는 늘 같습니다.

'조금 더 멋진 사람이 되자.'

"지금보다 조금 더 멋진 사람이 되도록 잘 도와주는 것이 담임의 역할이라 생각해요. 자신을 사랑하며 사는 사람, 타인을 위한 따뜻한 마음도 함께 키워가는 사람이 되도록 잘 도와주는 사람이요. 조금 더 멋져진다는 기준은 사람들마다 다를 겁니다. 지각을 자주 하는 사람에겐 지각을 조금씩 줄여 가는 것이 될 수도 있고, 공부를 잘하고 싶은 사람에겐 성적을 조금씩 올리는 것이 될 수도 있고, 욕을 입에 달고 사는 사람에겐 욕을 조금 덜 하게 되는 것도 조금씩 멋져지는 것이라 생각해요. 춤을 잘 추고 싶은 사람이 연습을 통해 춤을 잘 추게 되는 거,

친구들과 어울려 뒷담화를 하면서도 마음 한 구석이 불편했다면 친구들의 대화 방향을 바꾸어 주는 방법을 찾는 것도 조금 더 멋져지는 것이 될 수 있겠지요. 살을 빼야지 하면서도 먹는 것에 대한 열망을 줄일 수가 없어 과식을 하고 난 뒤에 후회를 하던 사람이 조금씩 식사량을 줄여 가는 것도 그렇구요. 마음에 들지 않은 부분을 고쳐 나가거나, 지금 잘하는 것을 더 잘할 수 있게 되거나, 관심만 가지고 있던 것을 직접 실천해보는 것도 마찬가지죠. 지금의 출발이 어떠하든지 우리는 매일매일 조금씩 자신만의 멋짐을 향해 가는 겁니다. 너무 급하게도 말고, 너무 욕심내지도 말고. 조금씩조금씩. 그렇지만 분명하게 걸음을 떼어 걸어가는 것. 생각에만 머물러 있지 말고 진짜 행동으로 해 보는 거. 그래서 선생님과 헤어지는 날에는 지금보다 멋진 사람이 되어 이별하기를 바랍니다."

이 책, 말랑말랑학교에서 담임의 역할도 똑같습니다. 지금보다 조금 더 멋진 사람이 되도록 잘 도와주는 역할이죠.

'조금 더 멋져진다'는 것은 그대 엘만의 목표가 되겠지요.

그대 엘은 어떤 부분에서 조금 더 멋져질 건가요?

욕심 내지 말고 쉬운 것부터 해 볼까요? 일단 '생각하는 것'으로 출발을 해 봅시다.

나의 조금 더 멋져짐은 무엇일까?

생각을 '잘', 진지하게, 치열하게 고민해 보는 것은 중요해요. 생각이 잘 되었을 때 그 생각을 바탕으로 행동할 수 있고, 행동했을 때 가치와 보람도 따라오는 거니까요.

즉흥적으로 이거 해 볼까, 하는 막연한 생각들이 결실을 맺지 못하고 버려진 경험이 있을 겁니다. 그래서 모든 변화의 시작은 생각을 '잘, 제대로' 하는 것이지요.

그래서 어깨를 토닥여 주라는 글을 읽었을 때 그대 엘의 반응은 어땠는지를 물었었고, 그를 통해 자신을 조금 탐색해 보기를 바랐죠.

나는 어떤 사람인가?

많이 멋져지는 것은 나중으로 미루고 우리는 일단 조금만 멋져지기로 해요. 너무 조금이라 실패하기조차 힘든 그런 걸로.

조금 멋져지고 싶은 거, 결정을 했나요? 저녁에 잠들기 전에 내 어깨를 토닥여 주며 수고했어! 한마디 해주는 그 정도의 작은 거, 어때요?

'생각'했다면 그대 엘은 멋진 사람이에요. 생각했다면 할 수 있게 되거든요. 아이들에게 글을 쓰라고 하면 이구동성으로 말을 하지요.

"쓸 게 없어요. 뭐 써요? 진짜 쓸 게 없어요."라고.

쓸 게 없는 이유는 아주 간단하답니다. 글을 쓸 '꺼리'가 없는 것이지요. 관심이 없었고, 그래서 무언가에 대해 생각해 보지 않았기 때문이지요. 생각한 것이 있다면 그 생각을 쓸 수 있어요.

아, 과제가 있어요. 그대만의 필기구를 준비해 주세요. 가장 편안하다고 느껴진다던가, 글씨가 가장 예쁘게 잘 써 진다던가 등등의 이유로 그대 엘만의 필기구가 필요해요.

오리엔테이션 2

그대 엘, 그대만의 필기구를 찾았나요?

'일 못하는 목수가 연장 나무란다'는 말이 있지요. '고기 못 잡는 선장이 배만 탓한다'는 말도 같은 의미일 겁니다.

중국의 옛 기록에 좋은 종이와 붓, 먹이 없으면 글을 쓰지 않으려 하는 저수량이라는 사람이 있었다고 해요. 이 사람이 지인에게 자신의 글과 구양순이라는 사람의 글 중 어느 것이 더 잘 쓴 글인가를 물었더니 지인이 이렇게 대답했다지요.

"구양순은 종이와 붓을 가리지 않지만 자네는 아직도 종이와 붓을 가리니, 그 말은 종이와 붓에 따라 글이 달라진다는 말이기도 하니 구양순의 글이 낫다고 할 수 있지."

일을 못하는 사람이 사용하는 도구를 탓한다는 의미로 원인을 자신의 부족함에서 찾으려 하지 않고 다른 핑계를 대려 한다는 의미일 겁니다. 하지만 이 말을 조금 다른 시각에서 접근해 볼까요?

"탐구의 시작은 관찰에서 출발합니다. 관찰은 자세히 알아보는 것이지요. 자세히 알아보기 위해서는 사람이 가지는 오감을 최대한 이용하고, 필요하다면 다양한 기구들을 이용할 수도 있겠지요."

과학 탐구의 시작은 관찰이듯 나에 대한 탐구의 출발 역시 관찰이라 생각해요. 가장 마음에 드는 필기구를 찾으라는 것은 자신을 관찰하는 연습이에요.

0.3mm의 아주 가는 펜을 좋아하는지, 1mm 이상의 굵직한 펜을 선호하는지, 한 개의 색으로 독립된 펜을 좋아하는지, 삼색 펜에 샤프까지 한꺼번에 있는 것을 좋아하는지를 관찰해 보는 거지요. 손에 잡히는 펜의 굵기가 어떨 때 가장 편안함을 느끼는지, 감촉은 어떤 것을 선호하는지, 펜이 좋은지 연필이 좋은지 등등.

목수가 일을 잘하지 못하고 선장이 고기를 잘 잡지 못하는 이유가 진짜 연장과 배에 있을 수도 있지 않을까요? 목수에게는 연장이, 선장에게는 배가 매우 중요하지요. 그렇게 중요한 것은 잘 선택해야 하고요. 잘 선택한다는 것은 자신에게 가장 적합한 것을 고르는 것일 겁니다. 그러기 위해서는 자신을 제대로 아는 것이 출발점이 되어야하고요. 단순히 필기구뿐만 아니라 내가 나를 잘 알아야 나에게 가장 잘 맞

변화를 위한, 세상 어디에도 있는 말랑말랑학교

는 무엇인가를 늘 선택할 수 있을 테니까요.

중국 이야기에 나오는 종이와 붓을 전혀 가리지 않고 글을 쓸 수 있는 경지에 오르는 사람은 많지 않을 겁니다. 보통의 우리들은 목수의 연장, 선장의 배와 같은 것들에 의해 많이 좌우가 되지요. 어쩌면 저수량은 붓과 종이를 가렸기에, 자기에게 잘 맞는 것을 알았기에 글을 잘 쓰게 되지 않았을까요?

30시간 원격 연수를 촬영할 때 카메라 감독이 이러더군요.

"선생님은 몸매는 별로인데 스타일은 끝내 줘요."

얼굴은 크고 목은 짧고 허리 길고 다리는 짧으니 몸매가 별로인 건 사실이에요. 그걸 제대로 파악하고 있으니 단점은 최대한 보완하고 장점을 극대화할 수 있는 선택을 했기에 스타일이 끝내 준다는 이야기를 들을 수 있었다 생각해요. 알죠? 그대의 담임이 자칭 50대 패션 블로거 1호라는 거? 몸매가 20대 같아서, 얼굴이 주먹만 하고 동안이라서 패션 블로그를 운영하는 건 아니에요. 나를 잘 알고 나에게 어울리는 스타일을 잘 찾고 표현하는 것을 좋아하기 때문이지요.

내게 딱 맞는 필기구를 제대로 고르지 못하는 건 크게 문제되지 않지만 직업이나 배우자 선택 등에서는 매우 큰 문제가 되지요. 그래서 자신을 탐색하는 과정은 너무도 중요하답니다.

일 못하는 목수는 연장을 나무라지 말고 자신에게 맞는 연장을 찾는 시간을 가져 보아야 할 것입니다. 일할 때 사용하는 도구가 마음에 들면 그 일을 하는 시간도 한결 즐거워질 테고, 당연히 연습도 많이 하게 되어 일 잘하는 목수가 될 수 있을 테니까요.

모든 일이 마찬가지라 생각해요. 공부할 때도 나에게 맞는 책을 골라야 하는데 그러기 위해서는 나의 실력을 제대로 알아야 하고, 나에게 맞는 직업을 찾기 위해서도 나를 제대로 알아야 하지요. 남 앞에 서서 이야기하는 것이 두렵고 힘든 사람이 매일 아이들 앞에 서야 하는 교사가 된다면 너무 힘들 거예요. 과학 과목을 잘하고 좋아해서 과학 교사가 되었는데 이렇게 힘들 줄 몰랐다는 후배. 이 후배에게 필요했던 것은 무엇일까요? 과학 교사라는 직업에 관해 자세히 알아볼 뿐만 아니라 그것을 꿈꾸는 자신에 대해서도 심사숙고를 했어야 했지요. 과학 교사는 과학을 좋아할 뿐만 아니라 학생들 앞에 서서 전달하는 일도 즐겨야 했다는 점을 알았더라면, 자신은 과학을 잘하고 좋아하지만 사람들 앞에 서서 이야기하는 것에 대한 두려움이 유난히 크다는 것을 알았더라면 어땠을까요? 사람들 앞에 서지 않으면서 좋아하는 과학을 할 수 있는 진로를 선택할 수 있었을 겁니다.

인생의 동반자로 함께 살아갈 배우자를 선택할 때도 내가 어떤 사람인가를 제대로 알아야 상대를 보는 안목과 기준이 생기겠지요. '나와 잘 맞는 사람'을 찾으려면 나 자신을 알아야 하니까요.

가수 이효리 씨가 한 방송 프로그램에서 결혼을 잘했냐는 말에 이렇게 대답했습니다.

"남편은… 다른 사람하고는 모르겠는데 나와는, 나하고는 잘 맞는 사람인 것 같아요."

　　　　　변화를 위한, 세상 어디에도 있는 말랑말랑학교

나와 잘 맞는 사람을 볼 수 있는 눈은 자신을 제대로 알 때 가능하다고 생각해요. 그래서 나를 제대로 아는 것이 매우 중요한 거죠.

얼굴 크고 목 짧고 허리 길고 다리 짧은 나를 제대로 알기에, 어떤 옷을 입으면 멋진 스타일이 되는지를 알고 있고, 주눅 들지 않고 당당하게 나를 드러내며 자존감에 상처를 입는 일 없이 나를 사랑할 수 있는 거지요. 감히 패션 블로그도 하면서 말이에요.

그대 엘에게 맞는 필기구를 찾는 과정은 그대 엘을 관찰하는 연습이었는데 어땠나요? 어떤 일이든 처음부터 익숙하고 편안하게 잘할 수 있는 일은 잘 없잖아요. 조금씩조금씩.

말랑말랑학교의 목표는 '조금 더 멋진 사람이 되자'라는 거, 기억하죠?

자신에게 가장 잘 맞는 필기구의 조건을 적어 보세요.

1. 입을 옷이 없어

    그대 엘은 지금 어떤 옷을 입고 있나요? 옷을 살 때 혼자 쇼핑하나요? 친구들과 함께하나요? 그대 엘만의 스타일이라 말할 수 있는 것이 있나요? 가장 즐겨 입는 아이템은 무엇인가요? 그대 엘도 입을 옷이 없다는 말을 자주 하나요?

    전화기 너머로 들려온 친구의 첫마디는 이랬습니다.

    "옷장은 미어터지는데 왜 이렇게 입을 게 없지?"

    친구는 내일 중요한 모임이 있다고, 그래서 며칠 동안 옷장을 뒤지고 뒤졌는데 마음에 드는 옷이 없어 화가 난다고 합니다.

    "옷장에 옷이 없는 건 절대 아니야. 그런데도 입을 건 없으니…."

    아마 이런 말은 누구나 한 번쯤은 하지 않았을까 합니다. 그래서 친구는 우리 집으로 왔고 내 옷장을 열어보고는 이럽니다.

"니 옷은 입을 게 참 많다 그치?"

정말 그럴까요? 친구의 옷장을 내가 잘 아는데 절대 그렇지 않답니다. 어쩌면 그 친구는 나보다 옷이 많을 걸요. 그런데 친구와 나의 가장 큰 차이점은 친구의 옷장에는 정말 비슷비슷한 옷들이 대부분이라는 겁니다. 쇼핑을 가면 그런 말 하게 되잖아요.

"어머, 저 옷은 딱 내 스타일이야."

누구에게나 자신만의 스타일은 있지요. 가장 잘 어울리고 그래서 편한 느낌의 자신만의 스타일. 그런데 그 스타일을 고집하는 게 너무 심해서 옷장에 비슷비슷한 옷들만 가득 차 있는 경우. 바로 내 친구가 그런 사람이에요. 고집이 세고 변화를 무지 싫어하는지라 새로운 스타일을 시도하는 일은 절대 하지 않으려는 친구지요. 그러다 보니 옷장은 언뜻 보면 구분조차 힘든, 비슷비슷한 옷들로 가득합니다. 그러면서 늘 입을 옷이 없다는 말을 입에 달고 살고요. 자기 이야기를 써도 되냐니까 뭐라는 줄 아세요? 아마 대부분의 사람들이 자신과 비슷할 거라고… 친구의 이야기는 이러했습니다.

"일단 너무 튀지 않고 무난한 게 제일 좋은 거야. 너처럼 다른 사람 눈 의식하지 않고 옷 입는 사람은 별로 없을 거다. 사람들 눈이 얼마나 무서운데. 그리고 너무 유행 타서 한 해 입고 못 입는 그런 옷은 아깝고, 그렇다고 딸애 꺼 빌려 입은 것 같은 옷도 안 되고. 그리고 한 가지 새로운 거 사 봐라. 마네킹에 입혀져 있는 걸 풀세트로 사지 않는 한 집에 있는 거랑은 어울리지도 않을 거고. 그래서 집에 있는 거랑 맞춰 입으려면 결국은 또 비슷한 거 사게 되고, 그런 거지 뭐. 그런데 문제는 막상 좀 차려입어야 할 일이 있을 때 옷장을 열면 매일매일 입는 그렇고 그런 거밖에 없으니 입을 게 없다는 생각이 들고. 큰맘 먹고 새 것 하나 사러 가서는 결국 비슷한 걸 사오는 경우가 대부분이고. 새 옷이기는 하지만 늘 입던 옷과 크게 다르지 않은 색깔과 디자인. 에휴~ 저 옷장의 옷들 다 어쩌나 싶다가도 입을 게 하나도 없다는 생각이 드니. 하여튼 내일은 특별한 모임이니까 니 옷 중에 나한테 제일 잘 어울리는 걸로 골라줘 봐. 이번에는 절대 내 고집 안 부리고 니가 입으라고 하는 걸로 입을게."

결과는 어땠을 것 같아요?

"파란색은 내 피부에는 안 어울려."

"블라우스는 불편하다니까. 니트로 줘봐."

"너무 차려입은 거 같아 촌스럽잖아. 신경 안 쓴 듯 멋스럽게 좀 해봐."

"치마가 좀 짧은 거 같지 않아? 우리 나이에 이렇게 짧은 건 쫌…"

친구의 잔소리에도 불구하고 꿋꿋하게 친구를 가장 잘 살려줄 것 같은, 그런 코디를 완성하였건만 친구의 마지막 말.

"멋지기는 하다. 근데 이건 너나 소화하지 나는 이러고는 못 나가. 너무 튀잖아. 사람들이 다 나만 볼 것 같아. 나한테 어울리는 걸로 코디해 달라니까…"

결국 친구는 자기 옷을 입겠다며 가방과 스카프만 빌려서 집으로 돌아갔답니다. 그리고는 다시 전화가 왔어요.

"왜 이렇게 입을 게 없냐? 내일 오전에 쇼핑이라도 해야 할까 봐."

그대 엘 생각에는 친구가 내일 쇼핑에서 어떤 옷을 사 올 것 같은 가요?

그대 엘이 옷을 입는 이유를 3가지 이상 적어보세요.

_____

_____

_____

_____

_____

_____

_____

_____

_____

_____

_____

_____

_____

2. 뭘 해야 할지 모르겠어

작은아이가 중학교 3학년이 되었을 때 가장 먼저 물었던 것이 어느 고등학교에 갈 것인가였어요. "고등학교의 종류는 다양해. 인문계, 예고, 특성화고, 특성화도 얼마나 다양한지 몰라. 상고, 공고, 보건고…."

내 말이 다 끝나기도 전에 아이는 퉁명스럽게 말하더군요.

"우리 반에서 끝에서 몇 등 하는 아이네 엄마도 일단 인문계를 가야 한다고 하는데 저는 공부를 못하는 것도 아닌데 왜 그런 질문을 하세요?"

작은 아이는 스스로 대학을 가고 싶으니 인문계 고등학교를 선택한다고 했고, 고등학교 3년 동안 찾은 두 개의 진로를 두고 고민하다가 대학 수시 원서도 두 군데를 반반씩 지원했답니다.

한 인간의 삶에서 진로의 선택은 매우 중요하지요. 진로는 한 사람이 태어나 노년에 이르기까지 교육, 직업, 결혼, 가정, 여가, 봉사 활동 등 삶의 과정에서 만나는 모든 일들이니까요. 어떤 가치관을 가지고 살아갈지는 매우 중요합니다. 그것을 기초로 하여 직업을 선택하고 그 직업으로 인해 경제적인 보상과 정신적인 만족감을 얻으며 살아갈 수 있으니까요. 그러므로 학교 교육에서 가장 중요한 것은 바로 진로와 직업 교육이라 할 수 있습니다. 하지만 아직 현실은 진로 교육이 아닌 진학 교육으로, 중학교 아이들에게는 인문계 고등학교가, 고등학교 아이들에게는 좋은 대학이 목표에 머물러 있는 것도 사실입니다. 대구 시내 초·중·고등학교 교장선생님들 연수에서 이런 질문을 했었어요.

"우리나라 교육은 적성 교육이다. O, X 중 어느 것일까요?"

그대 엘은 어떤 대답을 할지 궁금하네요. 많은 교장선생님들은 화를 내면서 X라고 대답했어요. 인정하기는 싫지만 X라는 의미겠지요. 샘정이 낸 질문의 대답은 'O'입니다. 많은 부모들이 아이들에게 이야기합니다.

"일단 공부해라. 공부해서 성적이 나오는 거 보고…."

'적'당한 '성'적에 맞추어 대학과 학과를 정하는 우리교육, 말 그대로 '적성 교육'이라고.

멘토링 봉사활동을 하는 대학생들의 워크숍에 강연을 갔을 때 이런 질문을 받았어요.

"제 멘티는 중학교 2학년인데, 꿈을 주고 싶어도 꿈을 꾸려고 하지를 않아요. 뭐가 되고 싶고 무엇을 하고 싶다는 생각을 왜 해야 하느냐고 도로 묻는데 말문이 탁 막히는 겁니다. 이럴 때 어떻게 해야 하는지요?"

학교에서도 많이 마주치는 문제입니다. 아이들이 꿈을 꾸지 않는 이유는 무엇일까요? 그 대답으로 내 어린 시절 이야기를 한번 해 볼게요. 책을 좋아했었던 저는 책을 통해 새로운 것을 많이 알게 되었고 그 중에서 가장 해 보고 싶었던 일이 침대에서 자 보고 오후에 홍차를 마시는 것이었어요. 그런 바람을 어머니께 이야기하자 어머니는 이렇게 말씀하셨지요.

"넌 왜 자꾸만 세상에 없는 것을 꿈꾸는 거냐? 홍차? 나는 홍시는 알아도 홍차는 모른다. 그런 건 세상에 없다. 그냥 책에만 나오는 거니까 다시는 그런 걸로 졸라대지 마라."

어머니의 그런 건 세상에 없다는 단호한 말씀. 세상에 없는 것… 세상에 분명 존재하지만 '어머니께서 알고 계신 세상'에는 없는 침대와 홍차.

꿈도 알아야 꿀 수 있는 거지요.

나는 자유학기제 선택수업으로 '무한상상공작소'라는 '과학 책 만들기' 수업을 하고 있어요. 아이들에게 다양한 직업을 경험하게 해 주고 싶었기 때문입니다. 원고를 쓰면서 오타가 유난히 눈에 들어오는 아이에게는 교정과 편집에 관한 일을, 긴 글을 쓰는 것보다는 친구들이 쓴 원고를 보고 멋진 제목을 생각해 내는 아이에게는 카피라이터와 광고에 관한 일을, 그 밖에도 과학자나 작가, 출판사 CEO나 편집자, 인쇄소와 관련된 직업, 혹은 일러스트레이터와 사진작가, 서점 주인과 마케터와 같은 일 등등…. 다양한 직업을 경험하며 진로 탐색의 기회를 주고 싶기 때문이에요.

그동안 중·고등학교를 오가면서 방과 후 수업이나 동아리 등 다양한 시간을 통해 과학책 만들기를 꾸준히 해오고 있는데, 진짜 작가가 되어 원고를 쓴 아이도 있고, 책을 쓰는 것은 어렵겠지만 책을 잘 파는 기술에 관심을 가지게 되었다면서 과학책 대신 마케팅과 심리학책들을 읽다가 결국 그쪽으로 진로를 정하게 된 아이도 있답니다. 성적이 바닥인데 그런 성적으로 대학에 가겠느냐고 핀잔을 주는 아이들에게, 예전 같으면 주눅이 들어 고개를 숙였을 그 아이가 당당히, "대학 안 나오고도 책 팔 수 있는 방법이 있지 않을까?"라고 하는 모습은 무척 감동적이었어요. 실제로 그 수업 덕분에 책에 관심을 가지고 대형 서점에서 일하게 된 제자를 만났을 때의 기쁨은 이루 말할 수 없었지요. 아이들을 꿈에 한 발 더 다가가게 해주었다는 보람에 가슴이 벅차올랐답니다.

샘정은 교직 31년 차에 무지 치열한 진로 고민을 했었어요. 학교를 떠나야 하는 시기를 정하는 인생의 전환점에 서게 된 거지요. 학교라는 시스템으로 인해 마음의 상처를 많이 받고 너무 힘이 들었지만 과학실에서의 아이들과의 수업은 너무 좋았던지라 선뜻 결정할 수가 없었거든요. 하지만 짧지 않은 고민의 시간을 통해 나의 소명과 진짜 꿈이 무엇인가를 선명하게 알게 되었고, 그 첫걸음으로 『말랑말랑학교』를 쓰게 되었어요. 그리고 단지 책을 통해 존재하는 말랑말랑학교가 아닌 실제 말랑말랑학교를 만드는 꿈을 구체화할 수 있었답니다.

그대 엘의 진로 이야기도 궁금해요. 샘정에게 들려줄 수 있나요?

그대 엘이 가장 좋아하는 일은 무엇인가요? 가장 잘하는 일은요? 그것으로 돈을 벌 수 있는 방법에는 어떤 것이 있을까요?

변화를 위한, 세상 어디에도 있는 말랑말랑학교

3. 나는 사랑받을 자격이 없어

그대 엘은 그림을 잘 그리나요? 그림을 그리는 방법에는 여러 가지가 있지요. 캔버스에 진짜 그림을 그리기도 하지만, 마음속으로 자신이 원하는 그림을 그릴 수도 있지요. 그중에서 '기대'라는 그림을 아주 상세하게 잘 그리는, 그리고 그 그림대로 되지 않으면 상처받았다며 아파하고 분노하는 사람들이 있어요. 결혼한 지 얼마 되지 않은 제자가 신랑이랑 싸웠다며 술 한 잔 사달라면서 이런 이야기를 했어요.

"선생님, 어떻게 그럴 수가 있어요. 제가 그렇게 싫다는데 매번!!! 변기 뚜껑 닫는 게 그렇게 힘들어요? 돈이 드는 것도 아니고 시간이 걸리는 것도 아닌데. 그냥 나오는 길에 손만 내밀어 툭 하고 건드리기만 하면 되는 것을. 정말 너무 화가 나는 거예요. 진짜 나를 사랑한다면 그럴 수는 없는 거잖아요."

"그럼, 너는 남편을 진짜 사랑하니?"

"당연하죠. 그러니까 더더욱 화가 나고 상처를 받는 거예요. 나는 사랑하는데 사랑 받지 못하는 것 같아서요."

"사랑하는 아내가 그렇게 원하는 변기 뚜껑 닫기를 해주지 않으니까?"

"네. 처음 몇 번은 어찌어찌 하는 것 같더니. 사랑한다면 그 정도는 해줘야 하는 거 아니에요?"

"너는 그를 진정으로 엄청 사랑한다며? 그가 너를 사랑한다면 변기 뚜껑을 매번 꼬박꼬박 닫는 것 정도는 당연히 해주어야 한다? 그럼 그의 입장에서도 그렇지 않을까? 아내가 나를 사랑한다면 변기 뚜껑 닫지 않는 거 정도는 당연히 눈감아 주어야 하는 거 아니냐고."

"그렇지만…."

"네가 그에게 진짜 화가 나는 이유는 무엇일까? 변기 뚜껑 안 닫는 거? 그게 아니라 혹시 너의 그림이 완벽하지 못한 것 같아 그런 건 아닐까?"

"무슨 그림요?"

"네가 꿈꾸는 신혼의 행복한 그림. 열심히, 아주 자세히 그려 놓은 그 그림 말이야. 그 그림 속의 신랑은 아내가 원하는 것은 말 한마디만 하면, 아니 말조차 하지 않아도 아내 마음을 다 꿰뚫어보고 척척, 입 안의혀같이 해주는 역할인데. 너는 그 그림이 완벽하지 못한 것 같아 화가 난 게 아닐까? 행복한 신혼이라는 퍼즐이 단 한 조각도 어긋나지 않고 완벽하게 맞추어지는 것을 바라는데, 그게 안 되어서 화가 난 것 같다는 거지."

"제가 그림을 그렸다고요?"

"솔직히 변기 뚜껑을 닫는 것과 사랑은 별개의 문제잖아. 네 말처럼 사랑의 관점에서라면 더더욱 문제가 되지 않을 테고. 진짜 사랑은 사랑하는 사람이 원하는 대로 해주는 거라며? 왜 신랑에게만 진짜 사랑을 하라고 해? 너는 그렇게 하지 않잖아. 너는 오로지 너의 관점에서만 그림을 그리고 있는 거지. 무엇인가를 해야 하는 너는 없고 바라는 너만 있는 그림. 그러면서 그는 나를 사랑하지 않아, 나는 사랑받지 못하고 있어, 그리고 결국에는 '나는 사랑 받을 자격이 없는 사람이야' 라는 결론으로 비약되는 경우가 많아."

"전 그냥 기대를 하는 거잖아요."

"네가 기대하는 만큼 똑같이 상대도 너에게 기대를 하겠지. 매년 결혼기념일에 선물을 해 달라고 하니까 몇 번은 해주더니 어느 날 남편이 그러더구나. 결혼은 둘이 같이 했는데 왜 맨날 자기만 선물을 하느냐고. 그러면서 뼈 있는 말을 하더라. 당신은 결혼했고 나는 몇 년째 동거 중인가 보다고. 기억하렴. 네가 기대하는 그거만큼, 더도 덜도 말고 딱 그만큼 그도 너에게 기대를 할 거라는 거. 너만 상처 받는 것이 아니라 그도 상처를 받는다는 거. 사랑한다며? 겨우 변기 뚜껑 같은 하찮은 것에게 너희 사랑이 밀려도 괜찮은 건 아니지? 내가 원하는 대로 들어주지 않는다고 화를 내기 전에 그가 진짜 그 일을 안 하는 이유를 알아보는 건 어떨까? 그렇게 서로를 알아가며 조율해가며 재미나게 살아. 너희의 진짜 사랑이 변기 뚜껑 정도는 가볍게 이겨야지 않겠어?"

그대 엘은 혹시 이런 경험 없나요? 나도 제자처럼 많은 시행착오를 통해 알게 되었답니다. 기대라는 것은 사람을 설레게도 하지만 무참히 깨어졌을 때는 지옥의 나락으로 떨어지게 하는 무서운 것이기도 하죠.

기대라는 그림은 너무 진하게 그리지 않았으면 해요. 언제든 지우개로 지우고 고칠 수 있도록 연필로 살짝, 스케치만.

지금 그대 엘로 하여금 가장 기대하게 하는 사람은 누구인가요? 그 사람에게 무엇을 기대하고 있는지요?

_____

_____

_____

_____

_____

_____

_____

_____

_____

_____

변화를 위한, 세상 어디에도 있는 말랑말랑학교

4. 도대체 이해가 안 돼

그대 엘은 이해심이 많은 편인가요?

학교에 있다 보면 아이들끼리 소소한 오해로 말다툼을 하거나 감정이 상한 일을 중재해야 할 때가 적지 않아요. 아이들은 저마다 목소리 높여 말하지요.

"정말 왜 이러는지 이해할 수가 없다니까요."

이해한다는 건 사실, 무척 힘든 일이에요.

보호관찰 청소년의 멘토 활동을 할 때 타인을 이해한다는 것이 얼마나 어려운 것인가를 깨닫게 된 일이 있었어요. 고등학교 2학년 남학생을 만난 지 몇 개월이 지나고 아이의 집을 처음 방문하던 날이었어요. 집으로 가는 길에 비디오테이프 대여 가게가 있기에 별 생각 없이 말했습니다.

"우리 비디오테이프 빌려가서 영화 볼까? 너 영화 좋아하잖아?"

아이는 한동안 아무 말 없이 나를 바라보더니 나중에 보자고 하더군요. 오늘은 별로 영화가 보고 싶지 않은가보다 하고 아이의 집으로 가서 방문을 열어 본 순간 깜짝 놀랐답니다. 아버지와 같이 살고 있다는 단칸방에는 텔레비전이 없었어요. 텔레비전이 없으니 비디오플레이어는 당연히 없고요. 그런 아이에게 비디오테이프를 빌려 영화를 보자고 했으니 아이가 얼마나 난감했을까요? 나는 나의 창을 통해 아이를 보고 나의 창을 통해 생각한 거지요. 웬만한 집에는 텔레비전과 비디오플레이어 정도는 있을 거라는 생각으로. 당황한 나는 아이에게 배가 고프니 밥을 해 달라고 했고 아이는 김치 볶음밥을 해 주었어요. 그런데 아이가 차려준 것을 보는 순간 서운한 감정이 들기 시작하더니 살짝 화가 나는 겁니다. 사실 멘토 활동은 <u>스스로</u> 선택해 하는 일이지만 결코 쉽지 않은 일이거든요. 대부분의 아이들이 처음에는 약속 장소에 나오는 것조차 싫어하거나 아예 나오지 않는 경우도 있고, 이런 활동하기 싫다며 대놓고 거칠게 거부하는 경우도 있고, 보호관찰 기간에 재범이 일어나면 멘토로서 감당해야 할 일들이 많아지기도 하고. 그리고 그 아이를 만나는 시간 동안 우리 집 두 아이는 엄마 없는 시간을 보내야 하고요. 이런 힘든 것들을 모두 감수하면서 그래도 생판 모르는 아이에게 도움이 되어 보겠다고 나름 애를 쓰는데 어떻게 이럴 수가 있지, 하는 서운한 마음. 아이가 차려준 것은 도마 위에 얹힌 프라이팬에 담긴 볶음밥이 전부였어요. 서운함과 비난이 함께 섞인 목소리로 이렇게 말했어요.

변화를 위한, 세상 어디에도 있는 말랑말랑학교

"야아아~~~ 밥상에라도 좀 차리지… 그릇에 담아서~"

아이는 비디오 대여점 앞에서보다 더 오래 더 난감한 표정으로 나를 한참이나 물끄러미 보더니 머리를 긁적이며 말했어요.

"쌤, 우리 집에 밥상이 없어요."

폭력이 심한 아버지가 보이는 대로, 손에 잡히는 대로 때려 부수는지라 집에는 물건이 거의 없다고.

"그릇도… 이 프라이팬이 전부예요."

열여덟 살이 되도록 집에서는 밥상에 차려진 밥을 먹어 본 기억이 없다는 아이, 아이가 먹는 밥은 아버지의 눈을 피해 가스레인지 앞에 서서 먹는 김치 볶음밥이 전부라고. 그런데 선생님을 가스레인지 앞에 서서 먹게 할 수는 없고, 이리저리 고민 끝에 생각해 낸 것이 도마에 차린 것이었다고.

"쌤, 이거 우리 집에서 제일 새 거, 제일 좋은 거예요. 아버지가 이거 있는 줄 몰라서 한 번도 패대기치지 않은 진짜 완전 새 거. 이게 내가 차릴 수 있는 전부예요. 너무 섭섭해하지 마요."

도마 위의 프라이팬이 전부였지만 그건 아이가 차릴 수 있었던 최고의 밥상이었던 거죠. 나 또한 가난한 시절을 보냈고, 교사로서 가난한 아이들의 살림을 적지 않게 보아 왔지만 솔직히 밥상이 없는 집은 처음이었어요. 나는 나의 창으로만 아이를 본 것이지요. 식탁에 의자는 없을지라도 밥상은 당연히 있을 거라는 생각. 그 일을 통해 알게 되었어요. 내 창을 통해서 볼 수 있는 세상은 아주 좁다는 것을. 우린 결코 타인을 제대로, 전부 이해할 수는 없다는 것을. 이해의 크기는 경험을 통해서만 확장될 수 있다는 것을요.

이 일을 통해 얻은 교훈은 좁은 창으로 타인을 보면서도 조금 더 상대를 이해하려는 노력이 필요하다는 것이었어요. 내가 찾은 답은 먼저 물어보는 것이었어요. 서운함을 듬뿍 담아 "밥상에라도 차리지"라고 말하는 대신 아이에게 먼저 묻는 것이죠.

"왜 여기에 이렇게 차렸어?"라고.

그러면 아이가 그렇게 난감해하지 않고, 상처 받지 않고 자신의 상황을 조금 더 담담한 마음으로 설명할 수 있었을 텐데 말이에요.

그래서 그날 배운 교훈으로 늘 먼저 물어보려고 합니다. 내 창으로 본 세상과 내 생각으로 내린 결론을 먼저 말하기 전에,

"오늘 일은 어떻게 해서 일어난 거예요?"

라고 하는 거죠.

교사 연수나 학부모 교육을 할 때 꼭 하는 것이 있어요. 바로 셀카 찍기.

한 사람인 나인데도 어디에서 보느냐에 따라 이렇게 다르게 보이니 자신이 보는 것이 전부가 아니며 다양한 관점을 가지려고 노력하자는 마음입니다.

그대 엘도 이렇게 세 각도에서 한번 찍어 보셔요. 그리고 샘정에게 메일로 보내주어도 좋고요. 그대 엘이 무척 궁금한 샘정이거든요.

그 아이가 준 또 하나의 선물이 있어요. 군대 가기 전날 그러더군요.

"내일 군대 가는 아들을 피멍이 들도록 때리는 아버지도 그대로고, 휴가 한 번 올 수 있을까 하는 가난도 그대로지만 모든 게 바뀌었어요.

**세상을 보는
관점을 바꾸면?**

세상을 보는 내 눈이 달라지니까 모든 게 다르게 보여요."

철학자이자 심리학자인 윌리엄 제임스 교수는 "인류가 발견한 최고의 깨달음은, 인간은 자신의 태도를 바꿈으로써 자신의 인생을 바꿀 수 있다는 것이다"라고 했지요. 그 아이가 실제로 이 말을 증명해 주더군요. 우리가 세상을 보는 창이라 말하는 것에 의해 많은 것들이 달라진다고.

그대 엘의 창으로 보이는 세상은 어떤가요?

그대 옆에게 상처 준 사람들을 떠올려 보세요. 악의적인 게 아니라 생정처럼 잘 몰라서, 경험이 없어서, 자신의 창이 좁아서 그랬겠구나, 라고 생각되는 사람이 있나요?

변화를 위한, 세상 어디에도 있는 말랑말랑학교

5. 지나가는 말이라지만 가슴에 와 박히는걸

그대 엘도 자존심이 상할 때가 있죠? 언제 자존심이 구겨진다고 생각하나요? 중1 아이들에게 한 말이에요.

"자존심이 상한다는 말 자주 하죠? 여러분들이 말하는 자존심이란 무엇일까요? 남들은 다 아는데 나만 모르는 상황? 그래서 주눅 들고 눈치가 보이고 자존심이 상한다? 모르는 것이 자존심이 상하는 것은 아니에요. 배워서 알게 되면 되니까. 진짜 자존심이 무엇인가 한번 생각해보세요."

그대 엘이 생각하는 자존심은 무엇인가요?

그대 엘은 모닝을 타고 다니는 사람을 보면 어떤 생각이 드나요? 그대 엘에게 모닝 같은 경차는 어때요? 남이 타고 다니는 것을 보는 것과 실제로 내가 타고 다니는 차에 대한 생각은 다를 수 있으니까요.

나는 20년 넘게 운전을 하면서 마티즈와 모닝, 두 대의 차를 운전했어요. 둘 다 경차였지요. 사람들은 타고 다니는 차로 그 사람을 판단할 때가 많아요. 그래서 경차를 탄다는 이유로 정말 다양한 이야기를 듣곤 했답니다. 그중 하나가 이 말이에요.

"모닝을 타고 다녀서 잘 모르나 본데 외제차 박은 게 얼마나 큰일인지 알아요? 내 차 문짝 바꾸려면 그 차를 팔아도 안 될 걸요."

이야기의 발단은 학교 앞 공영주차장에 차를 세워 두었다가 급하게 출장을 가게 되어 차를 탔는데 모닝의 문이 열리면서 옆에 주차되어 있던 외제차의 조수석 문과 닿은 데에서 시작됩니다. 결과부터 말하면 위의 표현처럼 박은 것도 아니고 콕, 하고 표가 나게 찍은 것도 아니고 닿았다는 표현이 가장 가까워요. 솔직히 나는 전혀 느끼지 못했기에 그냥 출발했는데 운전 도중 주차관리인으로부터 전화가 왔고, 외제차 사모님은 그 전화기를 통해 다짜고짜 이러더군요.

"당신, 뺑소니야."

그리고는 덧붙여 위의 저 말을 하는 겁니다. 그래서 모닝 옆에 있던 차가 외제차인 줄 알게 되었고요. 이 문제를 해결하기 위해 외제차 사모님이라는 이름으로 번호를 저장하고 몇 번 통화를 했는데 묘하게 신경이 거슬리는 겁니다. 전화할 때마다 반복해서 '모닝을 타고 다녀서 잘 모르나 본데'라는 말을 꼭 하는 거예요. 모닝을 타고 다니는 것은 사실이지만 모닝을 타는 것과 외제차를 박은(?) 일이 얼마나 큰일인지 모르는 것은 별개의 문제임에도 모닝을 타고 다녀서 잘 모른다는 이야기를 자꾸 하니 살짝 기분이 상하더군요. 샘정의 모닝은 그 당시 이미 10년이 다 되어 가고 있었고, 차를 그리 소중히 다루는 성격이 아니라 한 눈에 봐도 '똥차'로 보이기는 했지만요.

폐차 직전의 경차를 타고 다니는 선생이라면 니 주제는 알 만하다~ 뭐 이런 뉘앙스가 느껴지는 것이 스멀스멀 나를 긁는 묘한 기분. 그날은 서로 너무 바빠 직접 만나 차의 상태를 확인하지는 못하고, 학교 앞이라 신분도 확실하고 사고 처리 해준다는 말을 녹음하겠다고 해서 하라고 했지요. 하지만 그 과정 내내 들어야 했던 '모닝을 타고 다녀서 뭘 잘 모르나 본데'라는 말. 그리하여 살짝 빈정이 상한 샘정은 외제차 사모님에게 이 빈정 상함을 어떻게 우아하게 전해줄까를 고민하기 시작했고, 다음 날 이렇게 문자를 보냈습니다.

〈사모님, 어제는 정말 많이 놀라고 당황하셨죠? 너무 죄송합니다. 저의 개인 변호사와 의논하니 보험 처리를 하라고 하네요. 저는 오늘 중요한 강연이 있어서 매니저 연락처를 남깁니다. 연락하시면 매니저가 잘 알아서 처리해 줄 겁니다. 다시 한 번 정말 죄송합니다.〉

상대에게 우아하게 이기려면 상대를 잘 파악하는 것이 중요하죠. 내가 파악한 외제차 사모님은 '권위와 물질' 두 단어로 표현이 될 것 같았어요. 꼴 난 선생 주제에, 똥차 모닝 타는 능력일 텐데, 뭐 이런 느낌. 그래서 예의 바르게 말하며 그 안에 넣은 단어로 선택한 것이 〈개인 변호사〉와 〈매니저〉였지요. 조금 당황하지 않았을까요?

'뭐야 이 사람? 개인 변호사가 있다고? 강연은 뭐고 매니저는 또

뭐야?'

그대 엘은 내가 보낸 문자를 보면서 어떤 생각이 들던가요? 그 문자는 사실이기도 하고 거짓이기도 하답니다. 솔직히 내가 '개인 변호사'가 어디 있겠어요? 하지만 절반은 사실이에요. 친구인 변호사에게 의논을 했거든요. 외제차를 박았다고 한다, 내가 느끼지도 못했으니 큰 건 아닌 거 같은데 상대는 문을 교체하고 싶어 한다구요. 상대가 개인 변호사 누구냐고 물을 때를 대비한 대답도 준비해 두었어요.

"어머, 개인 변호사가 아니고 개인적으로 아는 변호사라고 적었어야 했는데 마음이 급해서리…."

이 정도 대답이면 충분하겠죠? 그리고 매니저는 그 당시 허당엔터의 대표이자 나의 매니저였던 허당이 실제로 존재했으니 완전 사실이고.

나의 문자에 대한 답장은 어떻게 왔을 것 같아요? 어제와는 완전히 다르게 왔더군요. 바쁘실 텐데 신경 써 주어서 고맙다고, 천천히 처리해도 된다고. 강연 잘 하시라고, 수고하시라고.

그런데 문제는 그다음이에요. 허당 매니저 왈,

"보험 회사 아저씨가 왔는데 어디에 박혔는지 못 찾겠대요. 나도 안 보여요. 그런데 자세히 보면 보인다고 자세히 보라고, 문짝에 생긴 흠집이 자기 얼굴에 생긴 흉터 같아서 견딜 수가 없다면서 자꾸 자세히 보라는데 암만 봐도 안 보여요."

변화를 위한, 세상 어디에도 있는 말랑말랑학교

　차와 자신을 동일시하는 사람. 자신의 존재가 아닌 가지고 있는 물질로써 가치를 표현하려는 사람을 보면서 많은 생각을 하게 되더군요. 물론 차의 문짝은 보상을 해주었답니다. 그건 차 문에 대한 보상이 아니라 그 사람 마음에 난 상처를 치유하기 위한 보상이라 생각하면서. 그 일을 경험하고 찍은 모닝의 문짝 사진이에요. 그 사람의 말처럼 차에 난 흠집이 내 얼굴에 생긴 흉터 같다면 나는 이 정도로 흉터투성이의 얼굴?

　차는 차일 뿐이죠. 내가 아니잖아요. 내가 편리하기 위해서 사용하는 물건. 그것이 나와 동일시 될 이유는 없는 거죠. 내가 타는 차를 보면서 나를 무시하는 사람이라면, 그 말을 내 소중한 가슴에다 박을 이

유는 없어요. 두고두고 곱씹을 필요도! 정말 기분이 상한다면 우아~

하게 되돌려주고요.

자존심 상했던 일과 그것을 극복하거나 치유한 방법을 이야기해 주어요.

변화를 위한, 세상 어디에도 있는 말랑말랑학교

6. 왜 쟤만 사랑받는 걸까?

"선생님들은 우리만 미워해요. 똑같이 싸웠는데도 우리한테만 뭐라 하고. 잘 들어 보지도 않고 무조건 우리가 잘못했다고, 정말 억울하다니까요. 분명히 공에 맞아 놓고는 안 맞은 척하고. 선생님은 잘 알지도 못하면서 그 애들 편만 들고. 욕도 그 반 애들이 먼저 했어요. 아~~ 이~~씨이~~진짜아~~. 왜 우리만 미워해요?"

그대 엘에게도 이런 비슷한 기억이 있나요? 체육대회 준비를 하는 과정에서 다 이겼다고 생각했던 경기를 선생님의 심판 잘못으로 졌다면서 억울해 하는 아이들. 심판을 본 선생님에게 이의를 제기했지만 그 선생님은 나름 공정하게 보았다고 생각했고, 그래서 아이들의 이의를 들어 주지 않았습니다. 상대 반 편만 든다며 화가 난 아이들은 거칠게 항의했고, 그 태도를 문제 삼아 또 벌점을 받았어요. 그래서 더 화가 나고 억울해진 아이들은 단톡방과 페이스북을 통해 서로를 비방하며 싸움을 이어가게 되었지요.

"사랑하는 여러분들, 빨강머리 앤 알아요?"

"네."

"만화 빨강머리 앤의 주제가도 혹시 아나요? 모르는 사람도 있을 것 같아서 선생님이 준비해 왔어요."

주근깨 빼빼 마른 빨강 머리 앤

예쁘지는 않지만 사랑스러워

상냥하고 귀여운 빨강 머리 앤

외롭고 슬프지만 굳세게 살아

가슴에 솟아나는 아름다운 꿈

하늘엔 뭉게구름 퍼져나가네

"사람들은 누구나 사랑받고 싶어 하죠. 나는 사랑받지 못하는데 왜 사람들은 저 아이만 예뻐하는 거지? 진짜 저 아이가 예뻐서? 그럼 나도 사랑 받으려면 성형이라도 해서 예뻐져야 하나? 저 노래를 한번 보세요. 주근깨 빼빼 마른 빨강머리 앤, 예뻐서 사랑스러워, 맞나요?"

"아니요."

"예쁘지는 않지만 사랑스럽다고 되어 있죠? 빨강머리 앤이 예쁘지도 않은데 사랑스러운 이유가 무엇일까 선생님이 곰곰이 생각해 보았는데, 그 이유는 바로 밑에 있는 '상냥하고'에 답이 있다고 생각해요.

변화를 위한, 세상 어디에도 있는 말랑말랑학교

나에게 상냥하게 인사하고, 상냥하게 말해주는데 싫은 사람이 있을까요? 진짜 밥맛이야. 저 애는 왜 나한테 상냥한 거야, 난 정말 저 아이가 싫어, 미워! 이런 사람은 없지 않을까 합니다. 여러분들, 어제 그 경기 때문에 많이 억울하다면서요?"

그 말이 떨어지자마자 아이들은 귀가 터질 듯이 고함을 지르며 자신들의 이야기를 쏟아내더군요. 정말 너무너무 억울한 모양이었어요. 그중에 가장 억울한 건 선생님들이 차별했다고, 자기들만 미워한다는 내용이었습니다.

"두 친구가 싸움을 했어요. 그래서 선생님에게 왔어요. 한 친구는 울고만 있고, 또 한 친구는 선생님에게 저 아이가 얼마나 나쁜지, 그래서 싸울 수밖에 없었다는 이야기를 목소리 높여서 그것도 엄청 높여서, 분노를 가득 담아서, 선생님마저 살짝 두려움이 느껴질 정도로 이야기를 해요. 그러면 선생님은 어떤 생각이 들까요?"

"모르죠."

"선생님도 선생님이기 전에 그냥 사람이에요, 그죠? 아마도 이런 생각이 들지 않을까요? 이 아이가 선생님에게도 이렇게 목소리를 높이고 자신의 분노를 거침없이 표현하는데 어쩌면 친구에게도 이렇게, 아니, 친구니까 더 심하게 할 수도 있었지 않을까… 하는 생각? 어때요?"

아이들은 아무 말이 없더군요.

"두 아이를 잘 모르는 상태에서 한 아이는 울기만 하고 한 아이는 거칠게 분노를 표현한다면, 대부분의 사람은 울고 있는 아이에게 동정심을 느끼지 않을까요? 두 아이를 바라보는 시각에 균형이 깨어져

버릴 수 있다는 거죠. 왜 우리만 미워하느냐고 했었죠? 왜 차별하느냐고 했었죠? 그동안 여러분들이 했던 행동들을 한번 되돌아봐요. 그리고 특히 어제 심판을 본 선생님께 했던 말과 행동들을. 과연 여러분들의 이야기에 진심으로 귀 기울여 주고 싶은 사람이 있었을까요? 그동안 학교 생활하면서, 여러분들에게 빨강머리 앤의 상냥함이 있었는지 한번 생각해 봐 줘요. 하루에도 몇 번씩 많은 선생님들에게 지적당하지 않았나요? 고함지르고 복도에 우르르 뛰어다니며 다른 사람들을 위협하고, 수업을 방해하고, 선생님에게 대들고. 물론 그럼에도 불구하고 무조건 선생님들은 공평해야 한다고 생각할 수도 있어요. 하지만 무조건 똑같이 대하는 것이 공평한 것일까요? 선생님은 공평함은 상대적인 부분이 있다고 생각해요. 정말 억울하다면 상대방이 내 억울함에 귀를 기울여 주도록 하는 것이 중요해요. 고함지르고 욕하면서 대든다면 더더욱 여러분의 말에 귀를 닫게 되지 않을까요? 선생님에게도 이렇게 막무가내인 아이들이니 친구들 사이에서는 더하겠지? 분명 이 아이들이 잘못한 게 맞을 거야, 이런 생각을 더욱 굳히게 만들지는 않을까요?

왜 우리만 미워하느냐고 상대를 탓하기 전에, 왜 사랑 받지 못할까를 자신들에게 먼저 물어봐 주어요. 그리고 사랑받는다고 생각되는 친구들을 잘 관찰해 보고요. 빨강머리 앤처럼 상냥한 사람이라면 사랑받지 않을까요? 상냥하게 고함지를 수 있을까요? 상냥하게 욕 한번 제대로 해 볼래요?"

아이들이 까르르 넘어가더군요.

변화를 위한, 세상 어디에도 있는 말랑말랑학교

"나의 말투를 한번 곰곰 생각해 주어요. 대들 듯이 말하지는 않는지, 비난하는 말투, 빈정거리거나 무시하는 말투는 아닌지. 정말 상냥하게 말하는지를. 그리고 나는 원래 그래요. 원래 그런 걸 어쩌라고요. 이렇게 말하지는 말았으면 해요. 원래 그런 것은 배움을 통해서 바꾸어 가면 되는 거니까요."

아이들은 심판 본 선생님과도 화해를 하고 승패를 깨끗이 인정한 뒤 다른 반 친구들과의 싸움도 멈추었다고 하더군요.

그대 엘, 빨강머리 앤은 예쁘지는 않지만 사랑스럽죠! 그쵸?

그대 엘, 주변에 말투와 태도를 닮고 싶은 사람이 있나요? 어떤 부분을 가장 닮고 싶은가요?

7. 속물근성 티 날까 두려워

그대 엘은 돈을 좋아하나요? 샘정은 돈 엄청 좋아하거든요.

"솔직히 돈 좋아하지 않는 사람이 어디 있어요? 그냥 그걸 굳이 말하고 표낼 이유는 없죠. 속물인 거 티 나면 안 되잖아요."

"그런가요? 좋아하는데 모르게 혼자 짝사랑을 할 이유가 있을까요? 티 나게 공공연하게 좋아하면 더 좋을 텐데. 돈도 자기를 좋아해 주는 사람을 더 좋아하지 않을까요? 아무리 좋아해도 몰래 하고 있어 알아채지 못하는 것보다는 두 손 벌려 얼굴 가득 미소를 띠며 좋아한다는 티를 팍팍 내주는 사람을 돈도 더 마음에 들어할 것 같지 않나요?"

기자와 인터뷰하다 이런 이야기를 한 적이 있어요. 나는 직접 만나 얼굴을 마주 보며 하는 인터뷰를 원칙으로 하는데 이번에는 나름 나를 도와주겠다며 인터뷰를 주선해 주신 분의 마음을 저버릴 수 없어

변화를 위한, 세상 어디에도 있는 말랑말랑학교

메일로 보낸 질문지에 답을 해서 보내고, 전화로 보충 겸 마무리를 하게 되었는데, 마지막 질문이 이랬습니다.

〈지금 가장 간절한 꿈이 있다면?〉

그래서 이렇게 답했습니다.

〈내 책들이 많은 사람들에게 읽히는 겁니다. 1000만 부 이상은 읽히기를 바라죠.〉

그랬더니 전화 와서 하는 말이,

"선생님으로서 꿈이 너무 속물적이지 않나요? 책 팔아 돈벌이 하겠다는 것도 아니고. 사람들에게 좋은 이미지를 줄 수 있는 교육적이고 뭐 쯤 그런 거 있잖아요? 거기다 1000만 부? 장난하는 것도 아니고."

"기자님은 내 책 한 권도 안 읽으셨죠?"

"그건 왜 물으시는지?"

"당당하게 내 책이 그만큼 읽히길 바란다는 것을, 지금 나의 간절한 꿈이라 말하는 것은 결코 속물적이라 생각하지도 않고 비교육적이라고도, 나쁜 이미지를 줄 거라고도 생각하지 않아요. 내 책은 내 생각이고 내 철학이고 내 삶을 담은 것이니까요. 사람에 따라 다르겠지만 대부분 책을 쓴다는 것은 자신을 세상에 내놓는 것과 같아요. 당연히 많은 사람들이 읽기를 바라죠. 그게 속물적인 거면, 네 맞아요. 난 속물이에요. 그것도 아주 많이. 내 책을 한 권이라도 읽어보셨다면 내가 왜 책을 쓰는지, 책 팔아 번 돈으로 무엇을 하고, 그를 통해 어떤 꿈을 꾸고 어떤 일을 하고 싶어 하는지 알 테니 그런 말은 않을 테니까요. 최소한 인터뷰를 하려면 책 정도는, 아니 블로그 글 몇 개라도 읽어야 하는 게 아닐까요?"

"책을 읽고 안 읽고는 내가 결정해요. 인터뷰 처음 하세요? 이러면 곤란한 거 아실 텐데요?"

"그래서 인터뷰는 얼굴 마주 보고 하는 게 맞더라고요. 그리고 나는 사실이 제대로 전해졌으면 해요."

"그렇게 말씀하실 처지가 아닌 걸로 아는데요."

"내 처지가 어때서요? 학식 있고 고결하고 청렴한 이미지로 사회적 이미지 관리를 잘 해야만 되나요? 책 팔아 돈 벌고 싶다면서 기자에게 잘 보여도 신통찮을 처지라는 뜻인가요?"

"내 참 어이가 없어서….''

그리고 끊겨 버린 전화. 만약 얼굴을 마주하고 이런 이야기를 나누었다면 이렇게 끝나버리지는 않았을 거란 생각에 많이 아쉬웠어요. 강연 섭외가 오면 늘 조심스럽게 묻는 것이 돈 이야기예요. 그럴 때마다 나는 "많이 주세요"라고 말해요. 전화기 너머로 당황하는 기색이 느껴져도 꿋꿋하게 말하지요. "돈 좋아하는 사람이니 줄 수 있는 한 많이 달라고요."

"돈이 웬수야 웬수!"라는 말을 입에 달고 사는 사람에게 돈이 찾아올까요? 좋다는 사람도 많은데 말이에요.

돈만 좇으며 살자는 의미는 아니에요. 돈 좋아한다, 외제차 타고 싶다, 남들 부러워하는 좋은 직장 들어가고 싶다, 아파트 평수가 넓었으면 좋겠다, 내 아이가 일류대학 갔으면 좋겠다 등등, 각자 바라는 것들이 있을 테고 그걸 굳이 아닌 척 숨길 필요는 없다는 것이지요.

이런 것들이 정말로 속물적인 걸까요? 속물의 국어사전적 뜻은 '교양이 없거나 식견이 좁고 세속적인 일에만 신경을 쓰는 사람을 속되게 이르는 말'입니다. '세속적인 일'의 의미도 알아봐야겠죠? '세상의 일반적인 풍속을 따르는 것'이라고 하니, 속물에서는 '교양이 없거나 식견이 좁은'에 더 중심이 실려야 할 것 같네요. 속세에 사는 보통 사람인 우리가 세상의 일반적인 풍속을 따르는 것은 자연스러운 거잖아요.

교양은 사람이 갖추어야 할 위엄이나 기품을 말하는 품위 있는 상태인데, 돈 좋아한다, 크고 좋은 차를 타고 싶다, 넓은 평수의 아파트에 살고 싶다고 말하는 것이 과연 교양이 없는 걸까요? 그것을 이루는 방법이 정당하지 못할 때는 문제가 있는 것이지만 그 자체가 교양과 품위를 훼손하는 것은 아니라고 생각해요. 그건 우리네 삶과 가장 밀접하고 현실적인 문제로 너무도 중요한 것이니까요.

돈을 좋아하고 안 하고의 문제가 아니라, 그 돈을 어떻게 벌고 어떻게 쓸 것인가에서 교양이, 품위가 있어야 한다고 생각해요.

크고 좋은 차를 타고 다니면 거기에 어울리는 품격도 함께 갖추고, 넓은 집에 산다면 인격과 마음의 크기도 함께 키워나가면 되지 않을까요?

진짜 속물은 돈을 좋아하는 것을 표현하는 것이 아니라 좋아하는 그 돈을 사용함에 있어 교양이 없을 때 해당하는 말이라 생각합니다.

그대 엘, 우리는 돈 좋아하는 품위 있는 사람이 되기로 해요!

돈을 벌고 싶은 가장 큰 이유는 무엇이고 그 돈을 어떻게 쓸지 구체적인 계획을 말해 주어요.

변화를 위한, 세상 어디에도 있는 말랑말랑학교

8. 내 말이 맞다니까요

긴 추석 연휴를 앞둔 날 퇴근길에 그동안 읽은 20권에 가까운 책을 집으로 가져오느라 택시를 탔었어요. 앗, 평소와는 다른 노선을 달리는 택시 기사.

'이 길은 평소에도 막히는 길이라 좀처럼 가지 않는 길인데 왜 하필 이리로 가지? 연휴 앞이라 평소 다니는 그 길이 많이 막혀 이리 가나?'

싶어 그냥 있었는데 유난히 계속 막히기에 기사에게 물었습니다.

"계산 성당에서 인쇄골목으로 가는 길이 지금 많이 막히던가요?"

"거긴 왜요?"

"보통 그 길로 다니거든요. 이쪽이 잘 오지 않는 길이라 그쪽이 많이 막혀 이리로 오셨나 해서요."

"거기가 지금 막히는지는 모르겠는데 이 길이 제일 빠릅니다. 거기서 타서 그 아파트 가자면 무조건 이 길이지요."

"그래요? 제가 3년을 출퇴근했는데 이 길은…."

"우리가 잘 알지요. 무조건 이 길입니다. 손님 말하는 그 길은… 에이~~누가 그 길로 다닌답니까? 완전 초짜믄 몰라도."

이렇게 시작한 기사는 바보 아닌 다음에는 이 길로 간다면서 정말 확신에 차서 말을 이어가더군요. 그런데 아파트 도착 훨씬 전에 평소 택시 요금을 넘어서기에 다시 물었습니다.

"오늘 오신 길이 평소보다 막힌 상황이었나요?"

"아닙니다. 시장 앞에서 신호 두 번 받은 거 말고는 특별히 안 막히고 잘 왔습니다. 왜요?"

"평소 제가 내던 요금이 벌써 훨씬 넘고 있어서요. 기사님 말씀대로 이 길이 최적의 노선이라면 요금도 그래야 할 것 같은데 그렇지를 않아서요."

아마도 비슷한 상황이 있었던 듯이,

"에이C~~~ 오늘 자꾸 왜 이러는지 모르겠네 참말로. 그러면 평소 내던 요금만 내소."

하며 갑자기 버럭 화를 내는 겁니다.

"화를 내시니 당황스러운데요. 요금 덜 내려고 이러는 건 아니니 오해는 하지 마셔요. 요금이야 당연히 나오는 만큼 드려야지요. 도로라는 게 언제든 다양한 변수가 있는 거고 요금은 조금씩 다를 수 있으니까요. 하지만 평소보다 밀리지도 않았는데 이렇다면 다음에는 이 길 말고 다른 길도 한 번 가 보셨음 해서 드리는 말씀이에요."

변화를 위한, 세상 어디에도 있는 말랑말랑학교

"이 길이 제일 낫다니까…참말로."

적지 않은 요금 차이가 말해주고 있음에도 자신이 선택한, 자신이 온 길이 옳다는 기사. 그리고 귀찮은 듯 짜증스럽게,

"다음부터는 거기서 타는 손님들한테는 물어보지요 뭐. 어디로 가면 좋은지."

경제학자 애덤 스미스는 『도덕 감정론』에서 인간은 내면에 '공정한 관찰자'를 가지고 그를 제대로 가동시키며 살아야 한다고 했지요. 타인을 관찰하는 것으로 그치는 것이 아니라 타인을 통해 늘 자신을 반추해 보아야 한다고. 그 택시를 내리면서 생각하게 된 것은 '자기 확신', 거침없이 내 말이 맞다를 외치게 하는 자기 확신이었습니다.

난 어떤가… 하는 생각을 해 보았습니다. 나도 서렇게 강한 자기 확신으로 타인을 내 맘대로 평가하며 그 말들을 거침없이 쏟아내며 살고 있는 것은 아닐까. 그리고 왜 택시 기사에게 굳이 다른 길도 가 보라고 권했던 것일까? 저 사람이 틀렸다는, 나의 자기 확신 때문일까? 나를 들여다보며 많은 생각을 할 수 있는 계기가 되었어요.

그대 엘은 자기 확신이 강한가요?

확신에 차서 한 일이었는데 잘못되었다는 것을 알게 되었던 경험이 있나요?

_____

_____

9. 나는 크게 욕심도 없는데

"선생님, 정말 속상해 죽겠어요. 아들 하나 있는 게 왜 이렇게 제 맘대로 안 되죠? 저는 정말 아이한테 큰 욕심 없거든요."

초등학생 학부형이 된 제자의 하소연은 이어졌습니다.

"그냥 우리 아이는 최소한, 정말 최소한 이 정도만 되었으면 하는데 그게 그렇게 안 되네요. 공부 1등 이런 거까지는 바라지도 않아요. 그저 착하고 예의바르고 당당하고 자신감 있고, 책 좋아하고 공부는 그래도 어느 정도는 해야겠죠? 악기도 한두 개는 제대로 할 줄 알아야 할 것 같고, 운동도 수영하고 태권도 정도는 다들 기본으로 하니까 그 정도. 자기 생각 잘 전달하고, 글도 남들만큼은 쓰고, 선생님, 전 정말 애한테 크게 욕심 없어요. 다른 사람을 도울 줄 아는 따뜻한 마음, 그리고 성격 좋고 밝고 사교적이고, 가만있어 보세요, 또 뭐가 있었는데.

변화를 위한, 세상 어디에도 있는 말랑말랑학교

아, 알뜰하고 부지런하고 성실하고."

"공부는 어느 정도라고 했는데 그 어느 정도가 얼마쯤일까? 요즘 반에 20명 정도 되니까 한 15등 정도를 생각하고 있니? 악기 한두 개 는 제대로 하길 원한다구, 그렇다면 제대로의 기준은 뭐지? 수영과 태권도는 기본이라고 했는데 그 기본의 기준은? 글은 남들만큼 썼으면 하는데, 세상에는 다 남인데 어떤 남들만큼 써야 너의 마음에 들 것 같니? 혹시 AI 시대에 로봇 아들이 한 명 있었으면 싶은 건 아닐까? 로봇 말고는 세상에 그런 아이는 없어."

"그렇지만 뺄 게 없는 걸요? 다들 저 정도는 기본적으로 바라는 거 아니에요?"

"그래? 그럼 너는, 저 정도의 기본적인 것을 다 하면서 살아가고 있는 거야?"

"그건 아니지만…그래도….''

"그거 아니? 가장 중요한, 아이의 건강이 너의 바람에는 빠져 있어. 건강이야 당연한 거라 생각하기 쉽지만, 가장 중요한 거야. 그 아이가 건강하게 너와 함께 있는 것에 감사할 수 있었으면 좋겠다. 그리고 아이에 대한 너의 바람이 아니라 아이 스스로가 자신에게 어떤 바람을 가지고 있는지, 그 바람들을 이루며 살기 위해 무엇을 어떻게 하며 살아가야 할지를 고민하고 찾아가는 것이 더 중요해. 네 삶에 대한 바람은 무엇이니? 아이를 저렇게 키우고 싶은 거 말고, 오로지 너를 위한 바람. 그것 역시 중요해."

그대 엘은 어떤 바람을 가지고 있나요? 가족이나 다른 사람들에 대한 바람 말고 순전히 그대 엘에 대한 바람! 롤 모델의 의미에 대해 생각해 본 적이 있나요? 많은 아이들이 오프라 윈프리를 자신의 롤 모델이라 말합니다.

"온갖 고난과 역경을 극복한 오프라 윈프리처럼 위대한 사람이 되고 싶어요. 그래서 저도 오프라 윈프리처럼 자신의 이름을 건 쇼를 진행하고 싶어요. 너무 멋지고 부러워요."

"굳이 온갖 고난과 역경을 겪을 필요가 있을까?"

"네?"

"온갖 고난과 역경을 극복하려면 일단 온갖 고난과 극복을 경험해야 하잖아? 그런 것이 네 인생에 와야 극복을 하든 좌절을 하든 할 거니까."

"아… 그럼 그렇게까지 온갖 고난과 역경은 말고, 그냥 오프라 윈프리 같은 사람이 되고 싶어요."

"그런데 문제는 그런 갖은 고난과 어려움이 없었다면, 그리고 그것을 극복하지 못했더라면 오프라 윈프리가 사람들의 존경을 받는 위대한 사람이 될 수 있었을까? 아무런 고통도 없이 편안한 삶을 살았다면? 사람들에게 해 줄 이야기도 별로 없을 텐데. 그냥 "저는 처음부터 이런 사람이었어요, 진짜 대단하죠?" 라고 한다면 사람들의 반응이 지금과 같지는 않았을 거야.

"그럼… 오프라 윈프리 말고 다른 사람을 찾아볼까요…?"

"다른 사람을 찾아보기 전에, 오프라 윈프리를 너의 롤 모델로 삼는 '이유'를 다시 찾아보는 것은 어떨까? 그런 다음에 다른 사람을 찾

변화를 위한, 세상 어디에도 있는 말랑말랑학교

아봐도 될 거야."

　존경하는 것과 삶의 롤 모델은 조금 다른 것이라 생각해요. 초등학교 선생님이었다가 50대에 세계 여행가가 된 쩅쩅. 그녀의 출판 기념 여행 이야기 쇼를 다녀오면서 쓴 글이 생각납니다. 내가 쩅쩅에게 느끼는 이 감정은 무엇일까? 사람들이 '부러워요'라는 말을 가장 많이 했는데, 나는 부럽지는 않았거든요. 부럽다는 것은 나도 그렇게 살고 싶은데 그러지 못할 때 쓰는 말인데 솔직히 나는 그녀처럼 살고 싶은 건 아니니까요. 그러면 이 감정은 무엇일까를 대구로 돌아오는 내내 생각해 보았고 '경외감'이라는 단어로 표현했어요. '공경하면서 두려운 감정', 너무 대단해서 감히 가까이할 수 없을 것 같은 경외감.

　"오프라 윈프리가 제 롤 모델인 이유를 찾았어요. 가장 닮고 싶은 것이, 자신을 사랑한다는 거예요. 어떤 상황에서도 자신을 사랑하기 때문에 그 모든 일들이 가능했다고 생각해요. 그리고 고난과 역경을 겪어야만 이야깃거리가 생기는 것은 아니라고 생각해요. 저만이 할 수 있는 이야기가 있도록 살면 될 것 같아요. 고난과 역경이 없으면 좋겠지만 만약 그런 것을 만난다 하더라도 나를 사랑하면서 이겨내려 노력할 거고요. 근데 웃겨요. 예전에는 그녀만큼 위대한 사람이 되겠다고 생각했는데 지금은 역경은 없거나 크기가 작았으면, 아주 조그마했으면 좋겠다는 생각이 드는 거예요. 그래서 그녀만큼 위대한 사람 말고 조금만 위대해도 될 것 같다는 생각이요. 그래도 저의 롤 모델은 오프라 윈프리에요. 자신을 사랑하는 마음은 그녀만큼 크고 싶거든요."

"오프라 윈프리와는 다른 멋을 가진 진행자가 되겠는걸!"

그대 엘의 롤 모델은 누구인가요? 그 사람의 어떤 점을 닮고 싶은가요?

엘의 롤 모델과 닮고 싶은 점을 생각해 보세요.

변화를 위한, 세상 어디에도 있는 말랑말랑학교

10. 뭘 알아야 하지

그대 엘에게 옷 입기는 어떤 의미인가요?

샘정은 옷 입기는 철학이라고 말합니다. 나를 알아야 가능한 것이니까요. 나를 위한 것이기도 하고요.

얼마짜리를, 어느 브랜드를, 누구의 작품을 입느냐보다 중요한 것은 '내게 어울리는, 나를 제대로 빛내줄 옷'을 입는 것! 그러기 위해서는 철학이 필요하고, 내가 나를 잘 알아야 한다는 이야기를 수업 시간에 합니다. 과학시간에 무슨 옷 이야기를 하느냐고요? 생명과학을 가르치니 사람의 몸에 관한 수업을 하거든요. 그때 인체의 구조와 기능에 관한 지식을 쌓는 것도 중요하지만, 교과서에 있는 사람 그림 대신 자신의 신체를 직접 교재로 공부하게 해요. 자신의 몸을 제대로 관찰하여 알고 기록하게 하면서, 자신이 바로 과학이고 우리 삶이 과학임을 알며 자신을 소중하게 여기고 더 많이 사랑하게 해 주고 싶기 때문이지요. 그 수업 중에 옷에 관한 것도 포함되어 있어요. 자신의 가치는 얼마짜리 옷을 입고 있느냐가 아니라고 이야기하지요.

옷을 입는 것은 신체 보호와 윤리적인 도덕성 등 여러 가지 의미와 이유가 있을 겁니다. 그대 엘에게는 어떤 의미인지요?

나에게는 즐거운 놀이에요. 자유로운 상상과 표현이기도 하고요. 사람들이 많이 이야기하는 '다른 사람들의 눈'은 크게 생각하지 않아요.

'다른 사람들이 무슨 정성과 열정이 있어 나에게, 나의 옷차림에 그렇게 관심을 가지겠어' 라는 생각으로 살지요. 그리고 지나가며 한두 마디 하는 거?

그게 전부일 텐데…그까이꺼 뭐…패쓰~~. 한 3초 정도 시선이 머무르고, 한 5초 정도 생각은 할지도 모르지요. 이렇게요.

'저 사람 뭐지? 옷 입은 꼬라지 하고는?'

그리고 끝이겠죠. 십 분 후에도 한 시간 후에도 열흘 후에도 한 달 후에도 계속 그 생각을 하지는 않을 거잖아요? 그대 엘은 어떻게 입고 싶은가요? 많은 사람들이 이렇게 말합니다.

'무난하면서도 세련되게 옷 잘 입는다는 소리 듣게.'

그 자체로도 너무 어려운데…. 곰곰 생각해보면 이 역시 타인의 시선에 갇혀 있음을 알 수 있어요. '옷 잘 입는다는 소리 듣게'라는 '타인의 평가'를 생각하는 거니까요. 인간은 사회적 동물이니 타인이란 존재를 완벽하게 무시할 수는 없지만, 너무 심하게 의식하거나 얽매여 있는 건 아닌지 생각해 볼 필요가 있어요.

변화를 위한, 세상 어디에도 있는 말랑말랑학교

사람들 눈에 어떻게 보일까?

사람들이 어떻게 생각할까?

보다는

나는 무엇을 하고 싶은가?

나는 어떻게 입고 싶은가?

옷을 입는 사람은 그 어떤 타인도 아닌 나 자신이에요. 나를 중심에 두고 내가 옷을 입는 이유를 내 안에 있는 목소리에서 찾아보세요. 자신을 잘 관찰하고 자신에게 어울리는 옷을 입으면, 비로소 타인의 눈에서도 타인과 비교하는 마음에서도 자유로워질 수 있답니다. 나만의 멋은 더 이상 그 어떤 것과도 비교의 대상이 아니니까요.

용기가 없어 해 보지 않았지만 도전해 보고 싶은 스타일이 있나요?

_____

_____

_____

_____

_____

_____

_____

3장

변화학

오리엔테이션 1

비슬산 정상은 진달래 군락이에요. 진달래가 활짝 핀 풍경 사진은 인터넷을 통해 언제든 구경할 수 있지요. 내가 아닌 다른 사람들이 찍어 놓은 사진을 구경하는 것은 쉬워요. 컴퓨터 앞에 앉아 클릭하면서 수십 장의 사진을 보면 되지요. 하지만 그건 결코 내 사진이 아닌 거죠. 남의 사진일 뿐이지요. 내가 찍은 진짜 내 사진을 갖기 위해서는, 몇 시간의 다리 아픔을 견디고 흐르는 땀을 닦으며 그 산을 오르는 것 말고는 방법이 없을 겁니다.

그대 엘도 가끔 산을 오르나요? 왜 힘들게 산에 올라갈까요? 정상까지 가지 않고 중간 정도에 있는 빙하기 흔적인 암괴류만 봐도 충분히 멋진데? 왜 저 높은 꼭대기까지 가는 걸까요?

이 질문을 공부와 연결해서 해 볼까요? 왜 공부를 해야 할까요? 안

하면 안 되는 걸까요?

그대 엘은 공부를 왜, 무엇을 위해 하나요?

산에 오르겠다는 목표,

힘들지만 포기하지 않는 노력,

그리하여 받게 되는 목표 달성의 성취감과 멋진 풍경이라는 선물.

공부는 내가 나에게, 나를 위해 주는 선물이라고 생각해요.

남들이 찍은 풍경 사진을 구경하기는 쉽지만 내가 풍경 속에 있는 사진은 오로지 내가 수고하여 그 산에 올랐을 때만이 가능하니까요.

남들이 찍은 내가 없는 사진이 아닌, 내가 들어 있는 사진을 그대 엘도 가졌으면 좋겠어요.

공부는 그렇게 각자 자기 모습이 담긴 사진을 갖는 것입니다.

그대 엘, 말랑말랑학교에서 자신에게 그런 선물을 해 보기로 해요.

이 책은 밑줄 하나 긋지 않고 눈으로만 읽지는 않았으면 해요. 생각한 것들을 망설이지 말고 적어 보아요. 처음에 이야기했듯이 이 책은 그대 엘이 만들어 가는 책이 되었으면 합니다. 그대의 책으로 만들어져 가는 동안 그대 엘도 변화하고 성장하게 될 거예요.

이 책이 그대 엘이 산에 올라 직접 찍은 사진같이 그대의 수고와 노력을 통해 완성되기를 바랄게요.

오 리 엔 테 이 션 2

평소에 어느 손을 자주 사용하나요? 오른손? 왼손?

나는 양손을 비슷하게 사용하는데 다급한 상황에서 왼손이 먼저 나가는 걸 보면 왼손잡이인가 싶기도 하고, 글씨를 써보면 오른손으로 썼을 때 훨씬 반듯하고 예뻐서 오른손잡이인가 싶기도 하고. 알쏭달쏭하답니다.

그대 엘이 글자를 쓸 때 사용하는 손으로 그대의 이름을 써 보세요. 이름 앞에 그대만의 엘을 붙이는 것도 잊지 말아요. 램프 화정, 라이브 진수… 이렇게요.

변화를 위한, 세상 어디에도 있는 말랑말랑학교

펜이 없다고요? 준비물을 깜빡했던 경험은 누구에게나 있을 거예요. 여긴 어디? 말랑말랑학교잖아요. 그 어떤 것도 괜찮은 말랑말랑한 학교. 펜은 지금 준비하면 되고, 당장 펜을 구할 수 없는 상황이라면 잠시 수업을 멈추면 되고요. 대신 꼭 그대만의 필기구였으면 해요. 준비물 가져오지 않았다고 잠시 수업을 멈추고 학교 밖으로 준비물 챙기러 가는 재미도 괜찮을 것 같아요. 내 맘대로 휴강을 즐겨 보는 재미도 좋잖아요.

평소 글자를 쓰는 손으로 이름을 적었다면 이번에는 평소에는 글자를 쓰지 않는 손으로 이름을 적어 보세요.

두 번의 이름을 써 보니 어떤가요? 차이가 있나요? 글자를 반듯하게 잘 쓰지 못한 손은 나쁠까요? 혼이 나야 할까요? 그 손은 평소에 글자를 쓸 필요가 없었어요. 그러니 연습의 기회도 없었고요. 연습의 시간 없이는 불가능하니 반듯하게 잘 쓰지 못하는 것은 당연한 일입니다.

"난 왜 이런 것도 못하지?"라고 말한 적이 있나요? 최근에 그렇게 말했던 상황을 떠올려 보세요. "넌 왜 이런 것도 못하니?"라고 친구에게 말하기는 쉽지 않을 겁니다. 그런데 자신에게는 너무 쉽게 그 말을 하는 건 아닌지요?

평소에 글자를 쓰지 않던 손이 글자를 반듯하게 잘 쓰지 못하는 것이 당연한 것처럼, 스스로에게 관대해져야 할 것들이 많습니다. 해야 할 이유가 없어서, 아직 충분히 연습이 되지 않아서, 그 일을 해 볼 기회가 많지 않아서, 그래서 못하는 것들에 대해서는 다른 사람은 몰라도 자신은 자신에게 너그러웠으면 해요. 다른 사람들은 사정을 속속들이 알지 못하니 쉽게 비난의 말을 쏟아낼 수 있을지 모르지만 스스로는 알고 있잖아요.

아이들에게 탐구 과제를 내면 아이들의 원망이 과학실 천장을 뚫고 나갈 지경일 때가 많아요.

이거 왜 해요?

이렇게 어려운 걸 어떻게 해요?

하기 싫어요.

힘들어요.

재미없어요 등등.

"그럴 땐 어떻게 해야 할까요?"

아이들은 대답을 알고 있지만 화가 나서 대답하지 않고 침묵하지요.

"너무 화가 날 때는 어떻게? 속으로 욕하면서… 그렇지만 어떻게? 해야 한다. 그래서 우리는 이번에도 윈윈 게임을 하는 거죠. 여러분들은 힘들지만 과제들을 해결하면서 지식도 쌓이고 배움과 성장이 있어 좋고, 힘들지만 포기하지 않고 해 보는 끈기와 인내심을 기르고, 결국은 해내는 성취감까지. 과학 선생님은 욕을 많이 먹어서, 욕 많이 먹는 사람은 오래 산다니 욕을 배가 부르도록 먹어서 수명 연장되어 좋고요. 우리 모두에게 윈윈!"

사실, 내가 보기에 남들은 쉽게 뭐든 척척 잘하는 것 같지만 대부분 비슷할 거라 생각해요. 시간 관리를 예로 들어 볼까요?

샘정도 업무상 또는 과제 때문에 필요한 정보를 찾으려 인터넷에 접속을 해놓고, 광고에 홀려서 이것저것 쇼핑몰을 살펴보다가 연예인 관련 뉴스로 들어가기도 하고, 다시 광고 메일을 보고 살까 말까 고민하는 등, 어느새 정신을 차려 보면 시간이 훌쩍 지나가 버린 적이 많아요. 그러고 나면 이렇게 좌절하지요.

'다른 사람들은 시간 관리도 잘하는 것 같은데. 헛되이 낭비하는 시간 없이 할 일만 하면서 효율적으로 사는 것 같은데 나만 왜 이러는지 몰라. 거기다 충동구매로 쓸데없는 거는 왜 샀는지. 정말 답이 없다, 나라는 사람.'

하지만 다른 사람들 역시 이럴 때가 많을 거라는 사실. 평소에 글자 쓰기를 연습하지 않았던 손이 글자를 반듯하게 잘 쓰지 못하는 것처럼, 시간 관리도 훈련이 필요한 것이고 그 훈련이 되어 있지 않은 사람들도 많다는 것을 알기 바라요. 왜 나만 못하는 거지, 라는 생각은 하지 맙시다.

모든 일에는 연습이 필요하지요. 처음부터 잘하는 경우는 그리 흔치 않아요. 배우다가 도중에 멈추었을 때도 많구요. 배운 것을 내 것이 되도록 연습하고 연습하여 익혀야 오로지 내 것이 되는 거죠.

그대 엘, 연습의 필요성, 연습의 중요성을 인식해 주어요. 그리고 이제 제대로 연습해 보기로 해요.

1. 변화가 말처럼 쉽나

그대 엘은 어떤 색을 좋아하나요? 어떤 색의 옷들이 많은가요?

3시간 넘는 강연을 할 때는 대부분 중간에 옷을 한 번 갈아입는 퍼포먼스를 하는 샘정입니다. 비주얼에 관한 이야기를 풀어가기 위해서이기도 하고, 강연의 활력을 위해서이기도 하고요. 그래서 주로 극적인 비교 효과를 줄 수 있도록 계획을 해요. 샘정이 가장 좋아하는 색은 흰색이고 분홍, 파랑, 주황, 노랑, 빨강과 같은 밝은 색을 좋아해요. 좀처럼 손이 가지 않는 색은 검정색이에요. 카키나 갈색 등도 그리 좋아하지 않고요.

즐겨 입는 흰색 바지에 얼룩이 생겨서 새로 살까 고민하다가 삶의 유연성을 조금 더 키워 보고 싶다는 생각이 들었어요. 좋아하지 않는 검은색을 조금 더 마음에 담아 보자는 생각이었죠.

변화를 위한, 세상 어디에도 있는 말랑말랑학교

왜 검은색에 그렇게 손이 잘 안 가게 되었는지는 모르겠으나 '좋아한다'와 '좋아하지 않는다'가 단순히 생각의 문제라면 그 생각을 바꾸어 볼 수도 있지 않겠냐는 생각이 들었어요.

'좋아하지 않던 것들에 대한 생각 바꾸어 보기!'라는 나름의 프로젝트 이름까지 만들고, 첫 번째로 검은색 옷 입기를 선택했어요. 좋아하지 않는 검은색도 샘정이 행복해하는 순간에 같이한다면 생각이 좀 바뀔 수 있지 않을까 한 것이죠. 그리고 또 하나 선택한 것이 꽁지머리! 머리를 묶는 일도 자주 있는 일은 아니거든요.

내가 가장 좋아하는 강연을 할 때 검은색 옷과 꽁지머리를 했는데 그날 강연 장면을 찍은 사진을 보니 올블랙 차림에 꽁지머리를 하고도 엄청 행복한 모습이었어요.

뭐든 선명한 것이 좋다는 생각이었는데 이제 조금 흐려져 볼까 합니다. 꽁지머리를 싫어하는 이유를 생각해 보니 큰 얼굴에 어울리지 않고, 나이가 들어 보인다는 거. 특별히 묶은 머리를 해야 더 어울리는 옷이 있기는 하지만 정말 특별한 경우 말고는 거의 머리를 묶지 않는 샘정인데, 그날 이후 일부러 꽁지머리를 자주 했어요. 단골 미장원 원장이 놀래더군요. 10년 이상 본 사이인데 내가 꽁지머리 한 것을 처음 본다고.

늦잠을 자서 머리를 감지 못해 어쩔 수 없이 묶게 되는 날에는 마음에 들지 않는 꽁지머리 때문에 신경이 쓰이는데, 교무실의 동료들도 과학실의 아이들도 늘 꽁지머리를 한 날에 내가 더 예쁘다고 하네요.

"과학쌤 오늘 진짜 예뻐요. 머리 이렇게 하니 더 예뻐요."

그럴 때마다 나는,

"머리 안 감아서 억지로 한 머리예요."

"빨간 립스틱 때문일 거예요."

"드롭 귀걸이 때문일 거예요."

"평소 잘 안 입는 베이지 계열의 옷 때문일 거예요."

라며 다른 것으로 원인을 돌리려 애썼습니다. 그냥 그런가 보다 하면 될 것을. 예쁘다는데도 뭐 불만인 건지? 나와 다른 의견을 인정하기 싫어서였을까요?

변화라는 건 만만치가 않아요. 생각이 바뀌면 행동도 바뀐다고 하지만 이 생각이란 게 좀처럼 바뀌지가 않으니 문제인 거죠. 그렇지 않나요? 그렇다면 행동으로 생각을 바꾸어 보자. 결심하고 꽁지머리를 열심히 해보기로 했어요. 꽁지머리를 싫어하는 생각은 바뀌지 않았지만 자꾸만 하다가 보면 어느 날 갑자기,

'어, 꽁지머리 괜찮네?'라는 생각을 하게 될지도 모를 일이잖아요? 생각이 행동을 바꾸든 행동이 생각을 바꾸든, 샘정에게 필요한 건 변화니까요.

좋은 거, 마음에 드는 것만 하고 살아도 되는데 굳이 싫은 거, 좋아하지 않는 거까지 하기 위해 변화할 필요가 있나 물을지 모르지만, 좋고 싫음이 너무 분명하면 선택의 폭이 너무 좁을 수 있잖아요. 그리고 굳이 좋고 싫음을 그렇게까지 분명하게 가르면서 살 필요가 있나 싶기도 하고요.

그런데 뜻밖에 '행동으로 생각을 변화시킨' 주인공이 탄생했으니

바로 남편입니다. 산에 갔다 와서 양말을 벗으며 하는 말씀.

"오늘 사무실에서 한 직원이 엄청 조심스럽게 "이사님…양말이 짝짝이예요" 라는 거야.

"어머 진짜네요? 왜 짝짝이를 신었어요?"

"그 직원한테 그랬다. "자네 모르나? 요새는 짝짝이 신는 게 트렌드인데" 라고.

"우잉?"

"솔직히 내가 트렌드로 짝짝이 양말을 신었겠나? 내가 양말 개면서 비슷한 걸, 짝짝이인 줄 모르고 같이 묶어 놨고 그걸 별 생각 없이 신고 간 거지. 그 직원이 뭔 큰일 난 듯이 너무 조심스럽게 말하니까 민망하기도 하고 해서 얼떨결에 그렇게 대답했어. 근데 사실 별거 아니더라. 일부러 짝짝이로 신을 수도 있겠다 싶은 것이. 당신도 일부러 짝짝이로 한 번씩 신잖아."

난 요새 일주일 넘게 매일 꽁지머리를 하면서 즐거이 노력 중이에요. '뭘 이런 거까지 노력을?' 할지 모르지만 중요한 건 '즐거이'랍니다.

"난 그거 싫어해."

조금 더 확장하면

"난 그 사람 싫어해."

라는 말을 조금 덜 하게 되면 삶이 더 여유 있고 너그러워지지 않을까요? 변화를 위해 즐거이 노력하는 이유 중 하나랍니다.

그대 엘도 샘정의 꽁지머리처럼 작지만 지금 바로 행동으로 변화를 주고 싶은 것이 있나요?

변화를 위한, 세상 어디에도 있는 말랑말랑학교

2. 습관이 얼마나 무서운 건데

그대 엘, 손을 한번 씻어 볼까요? 진짜 말고 상상으로 해 보기로 해요. 그대 엘은 세면대 앞에 서 있어요. 물을 틀기 위해 수도꼭지로 손을 가져가는 다음 순간 어떤 선택을 할까요? 차가운 물? 뜨거운 물? 아마도 엘이 가장 편안함을 느끼는 온도의 물을 틀겠죠? 어떤 날은 시원한 것이 더 좋을 수도 있고, 어떤 날은 따듯한 물이 더 좋을 수도 있고. 삶도 그렇다고 생각해요. 내가 선택할 수 있는 것들이 의외로 참 많아요.

그렇지만 그럼에도 불구하고 생각만으로 끝나버리는 일이 많지요.

'어, 이거 한번 해볼까?'

하는 생각으로 출발해서

'이번에는 꼭 생각만으로 끝내지 않고 작은 것이라도 진짜 해 본다 내가.'

라는 결심도 했지만, 생각에 생각을 거듭하다가

'그래, 이건 이래서 안 될 거 같고, 저건 저래서 안 될 거 같고… 그래 결국은 안 되는 거야.'

그렇게 하고는

'내가 그렇지 뭐.'

라며 스스로에게 상처를 주기도 하지요.

책도 많이 읽었고, 그 책에 있는 내용들에 격하게 공감까지 하면서,

'그래 이게 문제였어. 이건 고쳐야 해. 이렇게 하면 될 것 같아. 이젠 정말 원인도 알고 방법도 찾은 것 같아!'

분명히 여기까지는 왔는데, 뭘 하고 싶고 뭘 해야 하는지도 알게 되었고, 어떻게 하면 되는지도 알게 되었는데,

'왜 늘 제자리걸음만 하고 있는 기분일까?'

라는 생각에 한숨이 저절로 나오고 있기도 할 거예요.

결국 필요한 것은 생각이 아니라 생각한 것을 실제로 해보는 행동입니다. 행동하는 것이 결코 쉽지 않다는 것을 그동안의 경험을 통해 너무도 잘 알고 있어요. 많은 사람들이 이렇게 말합니다.

'변화, 행동? 몰라서 안 하나?'

'변해야 한다는 거, 그 누구보다도 내가 절실하다고. 하지만 그게 그렇게 쉽나?'

'생각이야 쉽지만 막상 생각한 대로 하려고 하면 현실적인 문제들이, 상황들이 자꾸만 주저앉히는데 어떻게 해 볼 수가 없다고요. 생각한 것을 행동으로 하라, 말은 맞고 말은 쉽죠. 하지만 장애물들이 얼마

나 많은데요.'

'수도 없이 행동하려 시도해 봤지만… 그게 얼마나 어려우면 작심삼일이라는 말까지 있겠어요. 변화, 행동, 결국은 늘 상상으로만 가능한 허상이 아닌가 싶어요.'

1교시 과학 수업을 하는데 한 아이가 말했어요.

"선생님, 너무 졸려서 그러는데 엎드려 자도 되요?"

"그래요? 너무 잠이 오면 자야지요. 한 시간 내내 잘 건가요? 아님 몇 분?"

"일단 자 봐야 알 것 같아요. 너무 졸려요."

하품으로 말도 제대로 못 할 지경인 아이.

"잠이 오니 자야 하는 건 맞는데 한 가지만요. 왜 그렇게 졸린 건가요?"

아이는 생계를 위해 새벽에 나가야 하는 할머니와 살고 있어서 혼자 일어나 학교에 와야 하는데, 거의 매일 밤을 새워 게임을 하는 것이 습관이 되었다고 합니다. 부모의 이혼 후 엄마와 아버지 집을 오가며 살다가 결국은 할머니에게 맡겨졌고, 그 과정에서 아이는 친구도 거의 사귀지 못한 상태에서 게임에만 몰입하게 되었다고. 밤새 게임을 하다가 새벽에 잠이 들게 되는 날이 대부분이라 거의 매일 지각을 하거나 너무 늦게 일어난 날은 결석을 해 버리는 일상을 살게 되었다고 하더군요.

그런데 이번에 만난 담임 덕분에 조금씩 게임 시간을 줄이고 있고 지각을 하지 않겠다는 약속을 지키려 노력하고 있는데, 결국 또 밤새 게임을 하게 되었고 정신을 차렸을 때는 새벽 4시가 넘은 시간이었다고 그 시간에 잠이 들어버리면 지각을 하지 않겠다는 담임과의 약속을 지킬 수 없을 것 같아, 아이는 꼬박 밤을 새우고 다른 날보다 일찍 학교로 와 약속을 지킬 수 있었대요. 그 이야기를 하는 동안 아이의 얼굴에는 쏟아지던 잠은 간 곳이 없고 약속을 지켜 칭찬을 받았다는 순간의 행복함으로 가득했어요. 그러나 이야기를 끝내자 다시 폭풍같이 아이를 덮치는 잠. 결국 아이는 1교시 내내 엎드려 잠을 잤답니다. 그 아이는 또 어떤 선택을 할까요? 담임과 지각하지 않겠다는 약속만 지키고 매일 1교시에는 잠을 자는 새로운 습관을 가지게 될까요?

우리는 자주 말합니다.

'습관이 돼 버려서'라고.

지각하는 것이 습관이 되어 버린 아이, 밤새 게임 하는 것이 습관이 되어 버린 아이. 하지만 그 아이를 지각하지 않게 만든 것은 무엇일까요? 바로 '절실함'이 아닐까 합니다.

"해야지, 변해야지"라고 말을 하지만 이루지 못했다면, 정말 그 일에 관해 제대로 생각해 보지 않았고, 그래서 얼마나 중요한 일인가에 대해 스스로 명확한 결론을 짓지 못해서일 거라 생각해요. 새벽에 13층에서 불이 난 적이 있습니다. 11층에 살고 있던 나는 어땠을까요? '불이 조금 더 번지면 그때 대피해야지'라고 하지는 않았겠지요. 아이의 손을 잡고 11층 계단을 뛰어 내려왔었어요. 운동화를 찾아 신을 겨를도 없이 현관에 있던 하이힐을 신고서.

간절하다고 하지만 정작 행동으로 하지 않는 것은, 아직 그만큼 절실함을 느끼지 못하기 때문이라 생각해요.

체중 조절을 위해 평소에 점심을 안 먹는다는 말을 하면,

"어떻게 그게 가능해요? 난 배고파서 안 되는데."

라는 말을 가장 많이 듣습니다. 이미 안 된다는 전제하에 이야기를 시작하는 거죠. 그녀와 나의 차이는 하나입니다. 절실함. "나도 살이 너무 쪄서 진짜 고민이에요. 나도 살을 빼는 것이 절실해요. 하지만 어떻게 점심을 안 먹어요. 배 안 고파요? 일을 할 수가 없을 것 같은데."

자신도 절실하다고 이야기하지만 말로만 절실하다고 할 뿐, 진짜 절실함이 아닐 거라 생각해요. 나이 들면서 활동량은 줄어들고 기초 대사량도 떨어지니 평소처럼 먹어도 자꾸 살이 찌고, 부모님이 뇌졸중에 고혈압과 당뇨를 앓고 있어 가족력까지 걱정이 되니 체중에 대한 나의 절실함은 클 수밖에 없었죠. 덜 먹는 것과 더 많이 움직이는 것이 방법이라 생각했고 여러 가지를 시도해보면서 찾은 해결책은 자가용 대신 대중교통을 이용하고 점심을 먹지 않는 것이었고요. 처음에는 당연히 힘들었지만 배고픔보다 체중을 줄이는 것이 더 절실했기에 선택했고, 하루 두 끼만 먹는 습관을 가지게 된 거죠. 아침을 먹지 않고 점심과 저녁으로 두 끼를 먹는 사람들도 많은데 나는 아침과 저녁을 먹고 점심을 먹지 않는 두 끼를 선택했어요.

직장 다니면서 덜 먹을 수 있는 방법으로 세 끼를 전부 먹으면서 양을 줄이는 방법보다는 식사 횟수를 줄이는 게 낫다 생각했어요. 안전의 문제까지 해결되는 집밥을 워낙 좋아하기도 하고, 점심은 메뉴 선택의 폭도 좁고 비용을 들여 사 먹어야 되니 그냥 먹지 않는 것이 가장 효과적인 방법이라 생각했어요. 점심을 먹지 않는다고 맛있는

걸 먹는 즐거움을 포기한다고는 생각하지 않아요. 매끼를 즐거움만을 위해 먹는 건 아니잖아요. 조금 더 나이가 들면 저녁만 먹는 하루 한 끼로 바꾸어 갈 계획이고요.

인생에는 공짜가 없다는 걸 경험을 통해서 알게 되었죠. 실컷 배불리 먹고 날씬한 몸을 가지고 싶다는 건 욕심이잖아요. 하나를 얻기 위해서는 포기하는 것이 있어야 한다는 거. 나는 마음껏, 배불리 먹는 포만감이라는 즐거움 대신 건강한 몸을 선택한 거죠. 몇 개월 반짝 극단적인 다이어트를 하고 난 뒤 다시 맛있는 것 실컷 먹겠다 대신 삶의 습관 자체를 바꾸는 것을 선택한 거지요.

습관, 무서운 거 맞아요. 하지만 그 무서운 습관을 넘어서는 진짜 '절실함'이 있다면, 그리고 새로운 습관을 내 것으로 만드는 노력의 시간을 가진다면 습관은 분명 바꿀 수 있을 거예요.

그대 옐도 샘정이 점심을 먹지 않는 선택을 한 것처럼 절실한 것이 있나요?

변화를 위한, 세상 어디에도 있는 말랑말랑학교

3. 치킨은 살 안 쪄요, 살은 내가 쪄요

그대 엘은 삶에서 가장 통제가 안 되는 것이 무엇인가요? 샘정은 한때 쇼핑이었어요. 쇼핑 중독에 가깝다 할 정도로 신상 좋아하고 무엇인가를 사야 삶이 즐겁고 행복한 것 같았죠. 나이가 들면서 쇼핑에 대한 욕구가 줄어들기는 했지만 여전히 내 삶에서 가장 큰 욕망 덩어리는 쇼핑이었어요. 그래서 2016년 9월 9일 블로그를 통해 〈신상 없이 1년 살아보기〉라는 프로젝트를 시작하게 되었어요.

신상에 목을 매는 사람이 과연?

패션 블로거가 신상 없이 무엇을 하려고?

블로그 운영이 되려나?

이런 생각이 들지도 몰라요. 하지만 프로젝트의 신상은 모든 물건에 해당하는 것은 아니고, '패션에 관한 것'이라는 범주 안에서입니다.

옷, 가방, 신발, 모자나 스카프, 반지, 목걸이 등의 액세서리까지 포함하고 화장품은 제외시켰어요.

이미 사 둔 것들이 많을 테니 성공하기 쉬울 것 같죠? 하지만 솔직히 필요에 의해서만 옷이나 가방을 사지는 않잖아요. 단지 '원하니까, 가지고 싶으니까'란 동기가 더 크게 작용하지 않나요? 내가 〈신상 없이 1년 살아보기〉 프로젝트를 시작하게 된 것은, 그처럼 관심과 열망을 넘어서 욕망 내지 욕심까지 있는, 내 삶에 있어 너무도 큰 부분인 패션과 쇼핑을 통제해 보고자 함이었습니다. 가장 통제하기 어려운 것을 통제해서 나 자신의 삶에 대한 통제력을 측정해 보고 싶었다고나 할까요?

어떤 물건이 눈에 들어왔다… 그리고 마음에 들었다… 하면… 어머, 저거… 진짜 괜찮다…라는 생각이 들고 그 순간 '원한다'는 마음은 곧 이렇게 변해버리곤 하지요. 저 물건이 나에게 '필요하다'고, '꼭 사야만 된다'고, '저거 없이는 안 될 것 같다'고.

인터넷 쇼핑을 하다 마음에 드는 가방 발견! 생각은 바로~ '이 가방이 있으면 지난번에 산 원피스가 돋보일 거야.' 로 치닫고, 더 나아가 '이 가방 없이는 그 원피스는 쓸모없이 옷장 구석에 쳐 박히게 될 거야.' 라는 강박증으로까지.

이러니 〈신상 없이 1년 살아보기〉는 엄청난 통제력이 필요했답니다.

〈신상 없이 1년 살아보기〉는 시작도 하기 전에 난관에 부딪혔어요. 런던에 유학 중이던 딸을 만나러 10일 동안의 여행을 눈앞에 두고 있었거든요. 이어지는 글은 블로그에서 그대로 옮겨 왔습니다.

변화를 위한, 세상 어디에도 있는 말랑말랑학교

여행을 결정하는 순간 가장 먼저 떠오른 생각은 '뭐 입고 가지? 공항 패션 한번 제대로 해야 하는데… 가방은? 신발은? 모자를 새로 하나 사야 하나? 인생 첫 장거리 여행인데 진짜 쇼핑 좀 해야 하는 거 아닌가?'였습니다. 거기다

면세점에서는 뭘 살까?

런던 가서도 쇼핑은 해야겠지….

뭐 사지….

뭐 사지….

뭐 사지….

평소 쇼핑을 즐기지 않던 사람도 여행이라면 쇼핑을 좀 해야 할 것 같지 않나요? 맞죠? 그래서 신상 없이 1년 살아보기 프로젝트는 이 여행 다녀와서 하는 게 좋지 않을까…라는 유혹에 엄청 시달린 샘정입니다. 그렇게 한들 누가 뭐라 하겠어…라고 속삭이는 것 같은, 환청이 막 들리더라니까요. 여행을 준비하는 동안 정말 단 하나도 여행을 위한 신상을 마련하지 않는다면 내 최대 약점인 멀미도 극복할 수 있지 않을까하는 이상한 논리까지 끌어내게 되더군요!

나는 꾹 마음을 다잡고, '26인치 화물용 캐리어가 있어야겠어….' 했던 것은 10년 넘은 기내용 캐리어로, '모자 하나 새로 사야지….' 했던 것은 '있는 모자나 스카프를 색다르게 활용해 보는 것도 재밌겠다'로, '많이 걸을 거니까 아주 편한 운동화는 하나 사야겠어….' 했던 것은 '신발은 신던 게 익숙하고 좋아'로, '미니 백도 필요하겠지' 했던 것은 '있는 가방 중에 적당한 것이 있을 거야'로, '런던 날씨는 여기와 다

르기도 하고 어차피 가을이 올 거니 옷은 한 벌 사자' 했던 것은 '현지에 있는 딸의 옷을 빌려 입어도 될 것 같아'로, '남편은 배낭을 원하는데 마땅한 것이 없으니 배낭은 하나 살까' 했던 것은 '친구네서 빌리는 것'으로 결론을 보았답니다.

이렇듯 다행히 온갖 유혹을 뿌리치고 출발은 잘 하였지만 1년 후, 2017년 9월 8일에 〈신상 없이 1년 살아보기〉를 되돌아보니 적지 않은 실패들이 있었답니다.

강연을 위한 부츠 컷 청바지로 실패.

봄날 네 켤레의 구두로 실패.

오프 숄더 원피스로 실패.

틴트 선글라스로 실패.

남편 옆구리 찔러 받은 클러치 선물까지.

1년 동안 신상 없이 살아보기의 실패는 다 기억하기도 힘들 정도였답니다. 하지만 그 과정에서 참으로 독특하고 의미 있는 발견을 할 수 있었고 나를 탐색할 수 있는 시간으로 소중한 추억과 경험을 안게 되었어요.

이 프로젝트를 통해 얻은 가장 중요한 선물은 나 자신을 바닥까지 들여다보게 된 거랍니다. 처음에는 솔직하게 신상 없이 살아보기를 실패했다고, 노력은 했지만 청바지를 샀다는 글을 블로그에 올렸는데 그렇게 몇 번 실패를 이야기하고 나니 그런 나 자신이 싫은 거예요. 그래서 정말 남은 기간 동안 잘 해보자 다짐을 했는데 어느 날 마음에 드는 원피스를 발견하고는 깊은 갈등에 빠진 거죠.

변화를 위한, 세상 어디에도 있는 말랑말랑학교

'아, 정말 너무 마음에 드는데. 정말 사고 싶은데. 내가 그동안 그렇게 원하던 바로 그 스타일인데. 이거 입으면 너무 행복할 것 같은데. 괜히 신상 없이 살아보겠다는 이야기는 해 가지고 이게 뭐야. 살까? 아니야, 참자. 그래도 살까? 아니야, 정말 이 열망을 한번 넘어서 보자. 이렇게 강렬하게 원하는 것이니 제대로 한번 넘어서 보자. 이왕 시작한 거 끝까지 잘 해보는 거야.'

라고 생각은 했지만 계속 그 원피스가 눈앞에 아른거리는 거죠. 결국 이런 생각까지 하게 되었답니다.

'이 원피스를 사고 아무에게도 말하지 않으면 괜찮지 않을까? 솔직히 누가 알겠어? 내가 말하지 않으면 원래 있던 옷인 줄 알겠지. 혹시 누가 새 옷 아니냐고 물으면 씨익 웃으며 아주 애매모호하게 말하는 거야. "새 옷처럼 보여요?" 라고. 새 옷 아니라고 정확하게 말하지 않았으니 대놓고 거짓말을 한 건 아니고, 새 옷처럼 보이느냐는 말에 사람들은 '입던 옷인가 보다'라고 생각하지 않을까…. 진짜 딱 내가 원하던 바로 그 옷인데. 저 옷은 작년에 미리 나오거나 아니면 내년에 나오던가 하지? 왜 하필 지금 내 눈앞에 나타나서 나를 이렇게 갈등하게 만드는 거야. 그냥 사 버릴까? 저 원피스 입은 날은 블로그 포스팅도 하지 말지 뭐. 아무 일도 없던 것처럼 나만…'

그러다가 번쩍 정신이 든 거죠. 나만이라고? 나 스스로에게 이렇게까지 해가면서 저 옷이 그토록 절실해? 그런 생각이 든 순간 정신을 차린 거죠. 어떻게 이렇게 바닥이 다 보일 수 있을까 싶더군요.

하지만 그때뿐, 다시 시간이 지나면 또 같은 갈등을 하고 있는 나를 몇 번은 더 경험했답니다.

재밌는 노래가 있더군요. 치킨은 살 안 쪄요, 살은 내가 쪄요.

야식으로 먹는 치킨 때문에 살이 찐다는 말을 한번 분석해 볼까요? 치킨 때문에 라고 내가 살이 찌는 이유를 말하고 있지만 진짜 이유는 그 치킨을 주문하고 먹은 나 때문이라는 사실. 치킨 때문에 살이 찌는 것이 아니라 치킨 먹는 것을 선택한 나 때문에 살이 찌는 거라는 걸 살짝 외면하고 싶은 마음 아닐까요.

멋진 신상 원피스 때문에 지갑이 비고 옷장이 미어터지는 게 아니라 '그것을 선택한 나 때문'이라는 것을 알게 되고 나니, 결국 변화의 열쇠는 내게 있다는 것을 깨달은 거죠.

그대 엘은 치킨 좋아해요? 나는 엄청 좋아하거든요. 언제 치맥 함께 할까요? 치킨은 살 안 쪄요, 그죠? 살은 우리가 찌는 거죠. 치킨을 선택한 내가 원인이고요.

그대 엘도 샘정이 한 갈등처럼, 스스로에게 변명을 해 본 경험이 있나요?

_____

_____

_____

_____

_____

변화를 위한, 세상 어디에도 있는 말랑말랑학교

4. 매일이 생일이에요

그대 엘만의 습관을 바꾸거나 좋은 습관이 생기도록 하는 노하우가 있나요? 하루를 끝내고 내 어깨를 토닥토닥해 주며 "수고했어, 고마워"라고 하는 거 습관이 되었나요? 지금 한번 해볼까요?

한 손을 들어 그대 엘의 어깨를 토닥토닥해 주어요. 목소리 내어 사랑을 속삭이듯이 말도 해 주어요. 수고했다고, 고맙다고. 그리 큰일이 아님에도 아직도 낯설고 어려운가요? 익숙하지 않은 것을 한다는 건 아무리 작은 일이어도 결코 쉽지가 않죠. 그래서 좋은 습관을 들이는 것이 어려운 건가 봐요. 그래도 우린 지금 연습하는 연습을 하는 중이니 해 보기로 해요.

그대 엘은 어떤 습관이 생겼으면 좋겠어요? 아주 사소한 것 같지만 잘 안 되는 것이 무엇인가요? 한 가지만 적어 볼까요?

첫 아이 입덧이 무지 심했는데 그때부터였던 것 같아요. 아침에 일어나 침대 정리하는 것이 그렇게 귀찮더군요. 그런데 또 퇴근해서 안방 문을 열었을 때 아침에 쏙 빠져나온 그대로의 흐트러진 침대 풍경도 싫고. 그래서 아침에 일어나자마자 침대 정리를 해야겠다고 결심했지만 막상 아침이 되면 바쁜 마음에, 빨리 출근해야 한다고 변명하며 또 안 하고 나가고. 퇴근해서는 아침에 하고 갈 걸… 하며 후회하고. 그 다음 날은 또 어제와 같이 반복되고.

그리고 한 가지 더. 양치질. 이상하게 양치질을 오래 하기가 싫은 거예요. 치과 의사들이 말하는 3분은 고사하고 1분도 채 하지 않고 끝내 버리는 습관이 들어 있었던 거죠. 이유를 생각해 보니 십대 때부터 기분이 좋지 않을 때마다 양치질하면서 우울한 기분을 털어버리려던 버릇이 있었고, 그러다 보니 양치질을 오래 하는 날은 우울하거나 기분이 나쁠 때라는 인식이 자리 잡게 되어 양치질을 최대한 빨리 끝내 버리게 된 것 같았어요. 이 두 가지 습관을 고치기 위해 생각해 낸 것이 생일 축하 노래였습니다. 그대 엘도 알죠? 이 노래. 그대 엘의 생일이라 생각하고 불러 줄게요. 샘정이 노래를 아주 잘 불러요. 한때 성악 꿈나무였다니까요. 그대 엘도 함께 불러요.

♬생일 축하 합니다. ♬생일 축하 합니다. ♬사랑하는 그대 엘의 ♬생일 축하 합니다.♬

어때요? 이 노래를 부르면 기분이 좋아지죠? 그래서 하기 싫은 일을 할 때 이 노래를 부르면서 하기로 했어요. 이 노래를 '아주 느긋한 마음으로 천천히' 부르면 약 20초 정도의 시간이 걸려요. 20초 정도 걸리도록 느긋한 속도로 부르는 것을 먼저 연습했어요. 빨리 빨리 대신 삶의 속도를 늦추는 습관까지 함께 들이면 좋겠다 싶어서요.

놀라운 건, 침대 정리는 '생일 축하 합니다 생일 축하 합니다 사랑하는 샘정의 생일 축하 합니다'를 한 번만 부르면 깔끔하게 끝난다는 거예요. 너무 신기했어요. 그동안 아침에 고작 20초의 시간을 내지 못했었단 말인가 싶었어요. 매일 아침 일어나자마자 느긋한 마음으로 생일 축하 노래를 부르니 기분도 좋아지고요.

양치질은 처음부터 너무 욕심내지 않고 일단 식구들의 생일을 한 번씩 축하하기로 했어요. 내 생일 축하하고, 남편 생일도 축하하고, 딸의 생일도 축하하고. 이번에도 놀란 것이 생일 축하 노래를 부르는 동안 양치질하기가 쉽지 않다는 사실에 그동안 얼마나 양치질을 짧게 했었는지 깨닫게 되었어요.

잠옷 바지를 벗어 곱게 개는 데 걸리는 시간은 얼마나 걸릴까요? "생일 축하 합니다" 까지만 하면 끝. 윗도리도 "생일 축하 합니다"를 한 번 더 하면 끝. 그동안 휙, 하고 던져두었던 것을 깔끔하게 정리할 수 있게 되니 너무 좋더군요.

작은 것부터, 즐거운 마음으로 습관을 만들어 가면서 점차 어려운 미션으로 확장해 가 보세요.

아이들에게 감사 일기를 쓰게 하여 처음에는 매일 1개의 감사한 일을 적도록 하고 한 달 정도 지나서 3개로 늘려 보았더니 충분히 가능하더군요. 그래서 욕심내서 5개까지 쓰게 했다가 무참히 실패한 경험이 있어요. 습관은 욕심내는 순간 실패라는 무서운 손톱을 드러내는 것 같아요. 조금씩조금씩, 느긋한 마음으로 반복하면서 완전히 내 것이 될 때까지 기다리는 시간이 필요해요. 여러 책에서 어떤 것이 습관이 되는데 60일이 걸린다, 90일이 걸린다 등 다양한 기간들을 이야기하는데, 평균적인 데이터는 있겠지만 그 역시 사람마다 다르다 생각해요. 얼마의 시간이 걸리는지 재는것 보다, 즐거이 그 시간을 지내면 어느새 내 것이 되어 있을 거예요. 그대 엘만의 '즐거이' 할 수 있는 방법을 찾는 것이 중요한 거죠.

생일 축하 노래는 다양한 응용이 가능해요. 예를 들어 중요한 계약이 있는데 그 계약이 꼭 성사되기를 바란다면 아침에 침대 정리를 할 때 이렇게 노래를 하는 겁니다. 이미 계약이 되었다 생각하고 신나게 부르는 거죠.

계약 축하합니다. 계약 축하합니다. 샘정의 계약 성사 축하축하 합니다.

진짜 오늘이라도 당장 계약이 이루어질 것 같은 기분이 들면서 침대 정리도 신나고 하루 출발도 신나게 됩니다.

흐트러진 침대와 그 위에 던져진 잠옷 대신, 깔끔하게 정리된 침대와 반듯하게 개어 놓은 잠옷이 주는 느낌은 많이 다르죠?

매일 아침에 눈을 뜰 때마다 새로운 삶을 사는 기분, 매일을 생일처럼 시작하는 것, 멋지지 않나요?

작지만 습관을 고친 경험과 그 방법을 이야기해 주어요.

_____

_____

_____

_____

_____

_____

_____

_____

_____

_____

_____

5. 원시 시대로 돌아가고 싶나

그대 엘의 '단순한 삶'에 대한 지수를 한번 알아볼까요? 아래 글을 읽고 이 이야기의 주인공이 그대 엘이라고 생각하면서 빈 칸을 완성해 보세요.

양품점에서 너무 마음에 드는 꽃무늬 치마를 발견한 샘정. 하지만 입어보지 못하고 사야 하는 상황

샘정 - 이거 사이즈 얼마까지 있어요?

가게 사장님 - 미디움까지 나와요. 얼마 입으세요?

샘정 - 보통 66 입어요.

가게 사장님 - 미디움 하면 충분해요.

샘정 - 안 입어 봐도 되죠? 지금 너무 바빠서리….

가게 사장님 - 걱정 마세요. 충분하게 들어갑니다.

변화를 위한, 세상 어디에도 있는 말랑말랑학교

그래서 집으로 가져왔는데… 오마나오마나~~~~ 단추를 채우니 숨을 멈추고 있어야 하는 상황이라니… 너무 딱 맞는 거예요.

샘정 – 살이 쪘나? 다른 옷은 다 들어가는데?

그대 엘의 대사가 궁금하네요.

샘정의 대사는 조금 뒤에 보기로 해요. 궁금해 책장을 넘겨보고 싶은가요? 잠깐만 참으면 되니까 참아 보기로 해요. "궁금한 건 못 참아"라는 말 대신 "난 참을성이 있어, 나중에 보면 돼" 라고 이야기하면서.

먹고 싶은 마시멜로를 참는 실험에 관한 이야기는 많은 사람들이 알고 있을 겁니다. 마음먹은 것을 당장 하는 것도 중요하지만 하고 싶은 것을 잠시 참을 수 있는 것도 중요하거든요.

삶을 단순하게 살기 위해서는 생각의 단순함이 필요해요. 좀 무심한 듯, 크게 고민하지 않고 좋은 쪽으로 생각하는 것.

감정적인 단순함도 필요하겠죠? 일명 송송커플이라 불리는 배우들의 결혼 기사가 났던 날이에요. 흥분하여 목소리가 한껏 올라간 한 사람.

"아침부터 이 기사 보고 얼마나 황당하고 속이 상하던지요. 정말 이럴 수는 없는 거죠. 둘이 결혼을 한다니, 말도 안 돼. 오늘 하루 일이 손에 잡힐지 모르겠어요. 정말 이건 말도 안 되는 일이에요."

너무 격앙되어 있기에 완전히 찬물을 얹어 주는 말을 했어요.

"혹시 송중기 씨가 그대와 결혼하려고 했던 사람이었어요? 그대와의 결혼 약속을 깨고, 그대를 배신하고 그 여배우와 결혼한대요? 그게 아닌데 뭘 그렇게 흥분해요? 그들의 결혼은 솔직히 그대 인생에 1%도 직접적인 상관이 없는 일 아닌가요? 그런 일에 그대의 소중한 시간과 감정을 소모할 필요가 있을까요?"

잠시 여기서 짚고 넘어갈 것, 많은 사람들이 '시간이 부족하다'고 말합니다. 시간은 어떻게 쓰느냐에 따라 많이 다른 것 같아요. 나는 밤 10시 정도면 잠자리에 듭니다. 아침에 느긋하게 출근 준비를 하고 싶기에 일찍 자는 거죠. 그러기 위해서는 포기해야 하는 것들이 많아요. 그중에 텔레비전 보기도 포함되고요. 아이들을 키우는 25년 동안 다섯 개의 기본 채널만 나오는 텔레비전을, 그것도 주말 아니면 월드컵이나 올림픽 같은 경기가 있을 때만 가끔 보면서 살았어요. 온 가족이 10시면 잠자리에 들다 보니 동네에서 가장 먼저 불이 꺼지고 가장 이른 새벽에 불이 켜진다고 하여 우리 집을 '농경 사회'라 부르기도 했고요. 큰아이 임신하고 남편에게 부탁한 것이, 아이가 태어나면 텔레비전을 보지 말자는 거였죠. 그렇게 살다가 아이들이 다 크고 25년 만에 남편의 희망 사항으로 소파에 누워 수십 개의 채널을 돌려 보는 인터넷 티비를 설치했지만 그것도 역시 10시 이전까지만. 여전히 밤 10시면 잠이 듭니다. 텔레비전을 잘 보지 않음으로 인해 생긴 시간은 아이들과 함께 놀거나 책을 읽으면서 보냈고, 그 덕분에 두 아이 모두 많은 사교육 없이 자신들의 적성을 찾아 대학을 가고 직장을 가지게 되었어요. 일찍 자니 일찍 일어나게 되고 아침을 느긋하게 시작할 수 있어서 좋고요.

먹거리도 점점 단순해지고 있고요. 블로그에 '재벌가의 소박한 식탁'이라는 카테고리가 있는데 정말 소박한 밥상이지요. 요리에 관심이 많고 요리하는 것을 좋아하는 샘정이다 보니 한때는 다양한 요리를 많이 했었는데 나이가 들면서 찾은 먹거리에 대한 답은 소박한 밥상이었어요. 안전한 먹거리를 위해 작게나마 농사를 짓기도 하고요. 들깨를 많이 먹는 샘정네인데 중국산에 밀려 국산 들깨를 구하는 것이 쉽지 않아 들깨 농사를 짓고 오일 프레소도 구입해 직접 들기름을 짜 먹는, 조금은 불편한 삶을 선택했답니다. 다양한 식재료로 풍성한 식탁을 차리는 수고 대신 직접 기른 먹거리들로 소박하게 차린 음식을 먹게 된 거죠. 요리도 점점 단순해지고 식재료 본래의 맛을 유지하려다 보니 가족들로부터 이런 말을 듣곤 한답니다.

"어머니, 저희들은 소가 아니에요. 매일 풀만 먹는 소가 아니라고요."

"여보, 이러다가 우리 생식만 하게 되는 거 아닌가 모르겠네?"

하지만 단순한 요리로 조금씩만 먹는 소박한 밥상으로 인해 삶은 한결 가볍고 수월해졌어요.

공간의 단순함도 빼놓을 수는 없죠. 가장 먼저, 그리고 가장 많이 한 고민은 책의 처리입니다. 한때는 방방마다 책이 있었고 거실 한 벽면을 가득 채운 책장이 뿌듯했습니다. 특히 목재소에서 나무를 사다가 남편과 같이 직접 몇 번의 칠을 하고 벽돌을 쌓아 만든 우리의 첫 책장과 거기 가득 꽂혀 있는 책들을 바라만 봐도 배가 부르고 행복했었어요. 하지만 그런 책장들을 들어내고 거기 있던 책들은 필요로 하는 곳으로 보내기로 마음먹었어요. 솔직히 큰 용기가 필요했던 일이지요.

인터뷰를 온 기자 중에 작가 집에 책이 왜 이렇게 없느냐고 묻는 이도 있었지만. 책이 떠난 자리는 공간의 여유와 함께 기부의 행복을 주었답니다. 이 결심을 처음 한 2012년에도 700권 정도의 책을 기부했어요. 500권 정도의 책으로 시골 학교에 작은 도서관을 만들어 주기도 하고, 전근 간 기념으로 학교 도서관에 300권 정도의 책을 선물하기도 했고요. 그렇게 시작한 일은 지금도 이어지고 있고 여전히 공간의 여유와 기부의 즐거움을 누릴 수 있게 해 주고 있답니다.

영어 학원 다니지 않고 집에서 다양한 영어책으로 공부한 두 아이 덕분에 책장 두 개를 가득 채웠던 영어책은 지인이 설립하여 지원하고 있는 방글라데시의 학교로, 좀 멀리 날아가기도 했답니다.

아, 그리고 궁금하지만 잘 참았어요. 샘정의 실제 대사는 이랬습니다.

(그래… 이건 작은 66인 거야. 그리고 잘됐네, 이참에 작은 66의 몸을 만들어 보는 거지 뭐.)

지금 버리거나 정리하고 싶은 것의 목록을 적어보세요. 그리고 어떤 방법이 있을까도 구체적으로 찾아보아요.

변화를 위한, 세상 어디에도 있는 말랑말랑학교

6. 성형했어요. 그것도 아주 많이

"난 이거 못 풀어 못 풀어."

"난 이거 몰라. 못 해 못 해 진짜 못 해."

수업시간에 탐구 과제를 내면 이 말이 가장 먼저 나오는 아이들이 있어요. 일단 '못 한다', '할 수 없다'는 말을 하고 시작하는 아이들. 그리고 과제 해결하는 내내 그 말을 반복하지요.

그런데 또 어떤 아이는 같은 상황에서 "해 보자" 또는 "할 수 있지 싶다"는 말을 하기도 하지요.

그대 엘은 어떤가요? 못 한다는 말을 자주 하나요? 할 수 있다는 말을 많이 하나요?

잠재의식의 능력에 관해서는 어떻게 생각해요? 나는 잠재의식의 위력은 엄청나고, 그것의 출발은 내가 하는 말이라고 생각해요. 많은 사람들이 샘정에게 묻곤 합니다.

"샘정도 하루가 24시간 맞죠? 우리하고 똑같은 거 맞죠? 그런데 어떻게 그 많은 일들을 다 해요?"

샘정의 대답은 늘 같습니다.

"대충 하면 되어요."

사람들은 '대충'에 초점을 맞추는 경우가 많더군요.

"말은 대충 한다고 하지만 대충 해서 안 되는 것들도 많잖아요. 정말 신기해요. 혼자 48시간을 사는 것도 아니고."

하지만 샘정이 한 말의 핵심은 '되어요'에 있어요. '대충'만 빼면 '하면 된다'는 말인데 대충이 붙느냐 붙지 않느냐에 따라 말의 뉘앙스가 많이 다르게 느껴지죠. 어떻게 그 많은 일들을 하느냐는 질문에 그냥 "하면 되요"라고 하면 무지 거만해 보이지 않나요?

하지만 앞에 '대충'이 붙고, '되요'를 '되어요'로 바꾸면 '하긴 여러 가지 하는 것 같지만 제대로 하는 건 별로 없어요. 보기에 많이 하는 것처럼 보이는 거예요'라는 의미로 들리는가 봐요. 말이라는 게 정말 오묘해요.

나에게 '대충'이라는 의미는 예전처럼 기를 쓰고 완벽하게 최고가 되기 위해 힘을 축내는 게 아니라, '술술술, 설렁설렁 놀며 즐기며'라는 의미를 담고 있어요. 그리고 '되어요'는 된다는 확신에 찬 말이고요. 어떤 일이든 즐기며 하니 되더라는 것은 많은 경험을 통해 얻은 나름의 확신인 거죠.

대충 하면 되어요.

내가 나에게 거는 최면이지요. 나의 잠재의식에게 전하는 메시지. '나는 즐기면서 목표한 바를 이룰 거야. 그러니 나의 모든 능력을 총동원하여 일이 되는 방향으로 에너지를 모아주기 바라' 라는, 부드럽지만 강력한 메시지요. 무슨 일이든 일단 말로 나에게 메시지를 전달해 보세요.

"해 보지 뭐. 그러면 되겠지 뭐."

무심한 듯 시크하게, 꼭 기억해 두세요. 아주 강력한 메시지랍니다.

그대 엘은 성형한 적 있나요? 아니면 성형하고 싶은 곳이 있나요?

솔직히 고백하면 나는 성형했어요. 그것도 아주 많이.

가장 많이 한 것은 말투 성형이에요.

한다고 되겠나? 못 해 못 해, 나는 복이라곤 눈곱만큼도 없는 사람이야, 지지리 운도 없어 등등의 부정적인 말투에서

해 보지 뭐. 나는 복이 많은 사람이야, 나는 운이 너무 좋아 등등의 긍정적인 말투로.

고백 하나 더 할까요? 샘정이 예쁜 이유도 바로 성형 덕분이에요. 알죠? 자뻑 샘정이라는 거? 성형의 방법은 간단하고 쉬워요. 단돈 100원도 안 드는 아주 경제적인 성형 방법이에요.

거울 앞에 선다.

거울 속에 비친 내 얼굴을 본다.

거울 속의 나를 향해 활짝 웃어준다.

나를 향해 웃고 있는 거울 속의 나에게 말한다.

예쁘다, 예쁘다, 진짜 예쁘다.

그리고 다시 활짝 웃어준다.

마지막으로 이렇게 말한다.

나는 매일 매일 예뻐질 건데 우리 같이 예뻐지자.

성형 끝입니다. 이건 진짜 효과 확실한 성형 방법이에요. 바로 내가 그 증거거든요. 완벽 보장해요. 얼마나 효과가 있는지 어머니께서 이렇게 말씀하셨다니까요.

"니는 갈수록 예뻐지노. 나이가 들어도… 어째 더 예뻐지노. 이렇게 자꾸 예뻐지면 죽을 때 진짜 아깝겠다."

어머니라서 판단력이 흐려질 수 있다고요? 우리 학교 선생님도 그랬는데요!

"처음 만났을 때보다 갈수록 더 예쁘다는 생각이 드는 사람은 잘 없는데 부장님은 3년 전에 처음 봤을 때보다 점점 더 예뻐지는 것 같아요. 솔직히 나이는 더 들어가는데."

사람은 관계를 나누면서 그 사람을 인식하게 됩니다. 만약 자신을 향해 활짝 웃어 주는 사람, 다정하게 말 걸어 주는 사람, 가끔은 칭찬해주고 응원의 말을 해주는 사람이 있다면 그를 어떻게 생각할까요? 점점 더 예쁘다는 생각이 들지 않을까요?

그대 엘도 성형, 어때요?

변화를 위한, 세상 어디에도 있는 말랑말랑학교

그대 옐은 무엇을 어떻게 성형하고 싶은가요?

7. 무조건 무조건이야

그대 엘도 예뻐지고 있겠죠?

성형 미인 샘정은 오늘도 살짝 살짝 티 안 나게 계속 성형하면서 살고 있답니다.

"선생님, 오늘 예뻐요."

"그래? 이상하네. 나는 늘 예뻤는데."

아주 뻔뻔하죠? 당당한 성형 미인이에요.

"아하, 어제보다 더 예뻐져서 그런가 보네."

'공부는 수업 시간에만 하는 것이다'라는 원칙을 지키려 집에서 해야 하는 과제를 내는 일이 거의 없는 샘정이지만, 자기를 유난히 사랑하지 못하는 아이에게는 과제를 냅니다. 과제를 위한 교구는 거울. 예쁜 손거울을 주면서 과제를 냅니다. 아이에게 직접 시범을 보이면서요.

"이렇게 매일 이 거울을 보면서 소리 내어 말하는 거야. 예뻐. 난 예뻐. 정말 예뻐. 어떻게 해야 하는지 선생님이 하는 거 잘 봤죠?"

마주칠 때마다 활짝 웃으면서 상냥하게 물어봅니다.

"주미양, 거울 봤어요?"

처음에 아이는 고개를 들지 않고 나를 피하지요. 그 아이에게로 가까이 가서 말합니다.

"과학 쌤이 낸 과제는 꼭 해줘, 부탁해요."

그런 만남이 이어지다 보면 거울 보았냐는 물음에 아이는 살짝 아주 살짝 고개를 끄덕이고요.

"고마워요 주미양. 그런데 거울 보는 것만이 과제가 아닌 거 알죠? 쌤의 과제, 부탁해요."

또 그렇게 시간이 흐르고 거울 보았냐는 물음에 아이의 고갯짓에 힘이 들어가면 거울 보고 예쁘다 말해주었냐고 물어 보지요. 아이가 고개를 살랑살랑 흔들어도

"예쁜 주미양, 부탁해요."라고 말합니다. 그렇게 시간이 흘러 어느 날 예쁘다 말해 주었느냐는 물음에 살짝 고개를 끄덕이는 날이 온답니다. 그러면 다시 한 번 시범을 보여 주지요.

"과제를 정확히 파악해야 해요. 쌤이 얼마나 감탄하며 온몸으로 말하는지 잘 보세요. 예쁘다. 정말 예뻐. 나는 정말정말 예쁘다. 잘 봤죠? 이제 과제 검사 한번 해볼까요? 주미양이 한번 해봐요."

그대 엘, 지금 사랑하는 사람이 있나요? 사랑하는 사람에게 당신은 왜 날 사랑하느냐 물었더니 그 사람이 이렇게 대답을 한다고 해 봐요.

"당신을 사랑하는 조건들이야 너무 많죠. 그대 엘은 얼굴이 내 주먹만 해요. 게다가 남들 모두 부러워하는 예쁜 얼굴이고요. 키도 크고, 날씬한 것이 몸매도 끝내주고. 학교 다닐 때 공부도 잘했고, 좋은 대학 나왔고, 남들이 부러워하는 직장에 다니면서 외제차도 몰고 다니잖아요. 입고 신고 들고 다니는 거 모두 명품이고, 게다가 부모 잘 만난 금수저고. 성격 좋아 누구를 만나도 쉽게 친해지고, 남 앞에서 당당하게 말도 잘하고. 이렇게 부족한 거 없고, 못하는 게 하나도 없이 완벽한 당신이니까 사랑하는 거죠. 이런 조건들이 맞지 않다면 당신을 사랑할 수가 있겠어요?"

그대 엘, 사랑하는 사람으로부터 이런 말을 들으면 어떨 것 같아요? 우리가 듣고 싶은 말은 이렇지 않을까요?

"그냥… 당신을 사랑하는 데 이유가 있나요? 그냥 사랑하는 거죠. 굳이 조건들이 필요한가요? 아니 조건이 무슨 소용이에요."

노래방 애창곡도 있잖아요.

당신을 향한 나의 사랑은 무조건 무조건이야.
당신을 향한 나의 사랑은 특급 사랑이야.

당신을 향한 사랑은 무조건이고 특급 사랑인데 나를 향한 사랑은요? 나를 향한 사랑 역시 무조건의 특급 사랑이어야 하지 않을까요?

많은 사람들이 자신을 사랑할 수가 없다고 합니다.

수많은 이유를 들면서 자신을 사랑할 수 없다고 해요. 아이들에게

변화를 위한, 세상 어디에도 있는 말랑말랑학교

자기를 사랑하게 해 주고 싶다는 마음에 '나의 자랑거리 찾기'를 했던 적이 있었어요. 자신을 사랑하기 위해 자랑스러운 점들을 찾아보자는 취지로 매일 하나씩 자랑거리를 찾아 한 학기 동안 채워 가는 것이었지요. 나도 이런 자랑거리가 있으니까, 나도 이렇게 잘하는 것이 있으니까 사랑해 보자.

그러다 어느 날 문득 깨달았어요. 나를 향한 사랑은 조건부 사랑이 아니라는 것을. 자랑거리가 많고 거창해야 많이 사랑하고 그렇지 못하면 사랑할 수 없다?

"나를 사랑할 조건이 있어야 말이죠. 얼굴이 예쁘기를 하나, 키가 크기를 하나, 소위 말하는 S라인과는 거리가 멀어도 너무 멀죠. 학교 다닐 때 공부도 그저 그랬고, 대학도 남들 물을까 두렵고. 외제차는 고사하고 경차 근처도 못 가 보고 만원 버스에 지하철에 치여 살면서 아직 제대로 된 직장도 없어요. 입고 신고 들고 다니는 거 모두 저렴이들이고, 부모 못 만난 대표 흙수저. 주변머리도 없고 사회성도 없어 사람들과 쉽게 친해지지도 못하고, 사람들 앞에 서면 얼굴도 제대로 못 들고 우물우물, 나도 무슨 말을 하는지 모를 정도인데. 이렇게 제대로 하는 거 하나 없고, 부족한 거 천지인 나를 사랑할 수가 있겠어요? 사랑할 이유가 없는데, 조건이 맞지 않는데 어떻게 내가 나를 사랑할 수 있겠어요?"

우리는 이렇게 자신을 사랑하기 위해 필요하다며 수많은 조건들을 내세우고 있는 건 아닐까요?

한용운 시인은 '사랑하는 까닭'이라는 시에서 '다른 사람은 나의 홍안만을 사랑하지만 당신은 나의 백발도 사랑하기 때문'이라 말하고 있어요. 당신은 아무 조건 없이 나의 모든 것을, 있는 그대로 사랑해주기 때문이라는 의미겠지요.

나를 사랑함도 이래야 하지 않을까요? 내가 가진 장점을 적어보면서 나를 사랑할 수 있는 조건을 찾는 것이 아니라 '있는 그대로의 나를 사랑하는 거.'

이것이 내가 나에게 해 주어야 할 가장 중요한 것이라고 생각해요.

그대 엘, 지금 그대에게 사랑을 고백해 보세요. 조건 없이 사랑하겠다는 맹세를 해 보아요. 알죠? 생각한다고 바로 되는 것은 없지만 무엇이든 연습하면 조금씩조금씩 된다는 거.

그대 엘, 연애편지를 써 보아요. 자신에게 사랑의 고백을 해 보아요.

변화를 위한, 세상 어디에도 있는 말랑말랑학교

8. 마음 운전사

    그대 엘, 영화 '택시 운전사'를 보았는지요? 운전할 수 있다는 것도 능력이지요. 자신이 가고 싶은 길을 선택할 수 있으니까요. 서울에서 광주로, 광주를 떠나 서울로, 중간에 다시 광주로 돌아가는 그 모든 결정은 바로 택시를 운전하는 운전사가 하죠. 운전을 하지 못하는 사람은 그렇게 자신의 마음대로 할 수가 없을 겁니다.

    그대 엘의 마음을 움직이는 마음의 운전사는 누구인가요? 우리는 종종 말하지요. 내 마음이거든. 내 맘대로 할 거거든 등등. 맞아요. 우리 마음의 운전사는 바로 우리인 거죠.

    그대 엘은 그대 마음을 잘 운전하고 있나요? 베스트 드라이버인가요?

    우리 삶에도 종종 장애물이 생기죠. 그래서 우린 이렇게 말하기도 하고요. 내 맘대로 되는 게 없어. 내 맘 같지 않아. 내 맘하고는 다르게 흘러가는 걸 어쩌라고 등등.

하지만 그런 상황에서도 결국 우리 마음의 운전사는 여전히 우리라는 사실에는 변함이 없어요.

그대 엘에게 말해 주어요. 나는 베스트 드라이버라고. 그리고 안전수칙을 한 번 읽고 시작하는 겁니다. 소리 내어 말해 주세요.

1. 오늘은 좋은 날이 될 거야.
2. 오늘 만나는 사람들은 나에게 행운을 가져다주는 좋은 인연일 거야.
3. 오늘 하루 복 많은 날이 될 거야.

이제 출발해 볼까요? 아, 늘 먼저 인사하기도 잊지 말기로 해요. 내 마음을 잘 운전하는 방법 중 하나인데, 누구를 만나도 미소 지으며 먼저 인사하는 것이 엄청 효과가 좋거든요. 상대가 멀뚱히 처다보아도, 고개만 까딱하여도, '처음 보는 사람이 왜 나에게 인사를 하는 걸까?' 라는 눈빛을 해도, 전혀 개의치 않고 다시 한 번 더 미소 지으며 마무리.

비 오는 월요일 샘정의 마음 운전 이야기를 들어 볼래요?

회의가 있는 월요일, 어제부터 미리 비가 온다는 소식에 택시를 타리라 마음을 먹고 있었지요. 출근 준비를 하면서 택시를 호출하는데 가까운 곳에 택시가 없다 하고 시계 침은 똑딱거리더군요. 크게 망설이지 않고 호출 취소. 그리고 스스로에게 말합니다.

'택시는 바로 잡힐 거야. 택시는 바로 있을 거야.'

정말 택시는 금방 왔고, 택시를 타면서 언제나 그랬던 것처럼 먼저

변화를 위한, 세상 어디에도 있는 말랑말랑학교

인사를 했어요.

"반갑습니다."

그리고 조금 덧붙였습니다.

"기사님 정말 감사해요. 비가 와서 택시 부르려니 호출이 안 되었는데 이렇게 저를 기다렸다는 듯이 와 주셔서 정말 너무 감사드려요!"

그리고 한마디 더.

"제가 오늘 운이 좋네요. 그쵸?"

택시 기사님이 이러시더군요.

"손님이 타 주니까 제가 고맙지요."

"오늘 저희 두 사람 모두 운이 좋은 날인가 봐요."

우리는 머피의 법칙에 관해 종종 이야기를 하죠.

"하는 일마다 왜 이렇게 되는 게 없는 거야?"

"아이 C~~뭔데? 이러다가 지각하고 직원회의에도 늦는 거 아냐?"

라고 생각하는 순간 머피의 법칙이 이미 딸칵, 하고 시작이 될지도 모를 일입니다. 빨리 나가서 택시를 잡아야겠다는 생각에 급하게 서두르다 어딘가에 툭, 하고 부딪힐 수도 있고, 챙겨야 할 물건을 빠트리고 나올 수도 있고, 걱정하여 한마디 하는 가족에게 괜히 쏘아붙여 마음을 상하게 할 수도 있고, 우산을 급하게 펴려다가 사고가 날 수도 있고 등등.

거기다 겨우 탄 택시의 기사가 "빗물 좀 떨고 들어오지….." 하면서 감정을 긁는다면? 결국 지각을 하고 회의에 늦어 버리고, 마침 관리자는 출근 시간 잘 지키라는 말로 회의를 시작하고, 하루를 마감할 때 이렇게 말할지도 모르지요.

"오늘 하루는 진짜 되는 일이 하나도 없었어. 정말 최악이야."

반면에 샐리의 법칙을 아는지요?

머피의 법칙과 반대로 뭘 해도 되는, 계속하여 내가 원하는 대로 일들이 진행될 때를 의미한답니다.

중요한 사실, 경험을 통해 알게 된 것은 바로, 머피도 샐리도 내가 불러온다는 겁니다.

호출이 안 된다고 마음이 급해져서 시야가 좁아지면,

"에이 이러다 지각하는 거 아냐? 다시 해 보자, 다시 해 보자. 도대체 택시들은 다 어디 간 거냐? 다시 한 번…."

이렇게 부질없는 노력을 하다가 머피가 바싹 내 옆에 다가오는 것도 눈치채지 못하는 거죠. 성질내며 계속 호출 시도를 하다가 결국은 적지 않은 시간을 흘려보내고, 그로 인해 그다음 일들도 나쁜 상황에서 일어날 수밖에 없는 거죠.

"비 오는 월요일이라 다들 택시를 타나 보네! 그럼 호출은 포기."

감정적으로 흔들림이 없으니 이성적으로 다음 일을 대처할 수 있겠죠? '택시는 곧 올 거야. 내가 나가기만 하면 택시는 올 거야'라는 긍정적인 암시를 하면서요. 그런데 신기하게도 가끔 예외가 있기는 하지만 오늘처럼 일이 원하는 대로 척척 흘러갈 때가 많더라는 거죠. 이럴 때 꼭 잊지 않는 건 감사의 말입니다. 바쁜 출근길에 기다렸다는 듯이 와준 기사에게 너무 감사하다는 말을 한 것처럼요.

그리고 하나 더, 샘정이 늘 입에 달고 사는 이 말도 잊지 말고요.

"나는 정말 운이 좋은 사람이에요."

앞에서 말했듯이 생각과 말에는 힘이 있습니다.

줄리의 법칙이라는 것도 아나요? 마음속으로 간절히 바라는 일이 예상치 못한 과정을 통해서라도 꼭 이루어진다는 법칙이죠.

머피도 샐리도 줄리도 결국은 내가 어떻게 생각하고 무엇을 선택하는가에 따라 달라집니다. 내 인생의 열쇠는 내 손에 쥐어져 있으니까요.

그대 엘도 마음 운전의 베스트 드라이버가 되어 보세요.

마음 운전에서 성공했던 이야기를 들려주어요.

9. 니가 실망하세요

"선생님, 오늘은 왜 평범하게 입었어요?"

과학실에 들어오며 한 아이가 이렇게 묻더군요.

"그래요? 평범하게 보여요? 선생님은 늘 예쁘게 입는다고 생각하는데….."

그러면서 재빠르게 오늘 들어갈 들머리 교육의 주제를 바꾸어 빨간 머리 앤의 한 구절을 소개했어요.

린드 아주머니의 '아무것도 기대하지 않으면 실망도 하지 않게 된다'는 말에, 앤은 '아무것도 하지 않는 것이 더 나쁘다'면서, '꿈을 꾼다는 것은 나에게 기대하는 것'이라 대답한다고.

"평범하다는 것은 뛰어나다거나 색다른 점 없이 보통이라는 의미지요. 그런 의미에서 선생님은 지금까지 단 한 번도 평범하게 입었던

변화를 위한, 세상 어디에도 있는 말랑말랑학교

적은 없었어요. 선생님은 누구에게 예쁘게 보이고 싶어서가 아니라 선생님 스스로가 입고 싶고 예쁘다고 생각하는 것을 입어요. 평범하다 내지는 예쁘지 않다는 것은 선생님의 기준이 아니라 보는 사람의 기준이라 생각해요. 내가 아무리 예쁘다고 입어도 보는 사람의 기준에 따라 예쁘지 않을 수도, 더 넘어서 '으, 어떻게 저렇게 입을 수가 있어!' 라는 이야기를 들을 수도 있지요. 물론 내가 입은 옷이 다른 사람들에게도 예쁘게 보인다면 더없이 좋겠지만, 입고 싶은 옷이 있어도 다른 사람들이 어떻게 생각할까를 너무 크게 걱정해서 입지 못하는 일은 없었으면 해요. 앤이 꿈은 누구를 위한 것이 아니라 나에게 기대를 하는 것이라 말한 것처럼, 옷을 입는 것도 다른 사람들에게 예쁘다는 말을 듣고 싶은 기대가 아닌 '나 스스로를 위한 것'이었으면 해요. 마찬가지로 공부를 하는 것도 꿈을 꾸는 것도 다른 사람이 아닌 나 자신을 위한 일이었으면 하는 바람입니다."

실망할 수 있는 방법은 쉬워요. 기대를 엄청 높게 잡는 거죠. 그러면 아주 쉽게 실망할 수 있을 겁니다. 또 한 방법은 타인의 평가에 기대를 가지는 거지요. 타인은 나와는 다른 생각과 기준들을 가지고 있기에 내가 원하는 평가를 해 주지 않을 때가 많으니까요.

"쌤~~ 정말 멋져요. 너무 예뻐요. 오늘도 역시 최고의 패션이에요."

라는 찬사를 듣고 싶은 기대가 있었다면 오늘은 왜 평범하게 입었냐는 말에 실망하게 되겠지요.

그 대신 나는 이렇게 말했어요.

"오늘 선생님의 패션이 평범해서 실망했다면 이렇게 말해 주고 싶어요. 실망은~~ 여러분이 하세요! 선생님은 전혀 실망하지 않았거든요. 여러분들의 취향에, 여러분들의 기대에는 미치지 못했지만 나의 기대에는 완벽 도달한 패션이니까요. 기억해요. 기대는 상대방에게 하는 것이 아니라, 나 자신을 위한 것이고, 나에게 하는 거라고."

새벽 한 시에 전화가 왔어요.

"쌤, 내 제일 친한 친구가 하필이면 얼마 전에 나한테 좋아한다고 고백한 그 여자애를 좋아한대요. 내가 미쳐 버리겠어요."

"뭐가 문제인 거야?"

"뭐가 문제라니요. 알잖아요. 동진이. 내 제일 친한 친구라고요."

"그러니까 그게 뭐가 문제냐고?"

"그 자식이 하필이면 왜 그 애를 좋아하느냐고요!"

"그건 그 애 마음이잖아?"

"그 여자애는 나를 좋아한다고 말했고요."

"그건 또 그 여자애 마음이고."

"그러니까 내가 미치겠다는 거죠. 둘 다 나한테는 소중한 사람들이니까. 동진이가 그 애가 나를 좋아하는 거 알아봐요. 그 자식 곧 고백하겠다고 들떠 있는데."

"문제는 문제네."

"맞죠? 정말 미치겠어요. 동진이 어떻게 해요?"

"이 일의 핵심 문제는 동진이가 아냐. 가장 중요한 것은 너야."

"그러니까요. 중간에서 내가… 정말 미치겠어요."

"그런 방향이 아니라… 가장 중요한 문제는 그 여자 아이에 대한

변화를 위한, 세상 어디에도 있는 말랑말랑학교

너의 마음이지."

"그건…."

"동진이를 빼고 생각해 봐. 너는 그 애를 어떻게 생각해?"

"어떻게 동진이를 빼고 생각해요. 동진이는 내 제일 친한 친군데.
그런 친구가 하필이면 그 애를 좋아한다는데."

"동진이 빼고 너는 그 아이를 어떻게 생각하느냐구."

"동진이 빼면… 아이 어떻게…."

"동진이 빼고, 완전히 빼고!"

"동진이 빼고는…나도 사실 그 애가 좋아요. 그 애가 먼저 고백해
줘서 너무 좋았고, 그래서 동진이한테 그 애 어떠냐고 물어봤던 건데…
그 자식이 자기가 좋아하고 있다고, 곧 고백할 거라고 하는 바람에."

"동진이 빼고는 너는 그 아이가 좋다는 거지?"

"네."

"그럼 간단하네. 그 아이의 마음을 받아 줘."

"뭐가 간단해요? 동진이가."

"동진이 빼고."

"어떻게 빼요?"

"그 아이는 너를 좋아하다며?"

"네."

"네가 절친인 동진이를 위해 그 아이 마음을 거절한다면? 그 아이
는 동진이와 사귄대?"

"네?"

"그 아이는 동진이가 아니고 널 좋아한다며? 그리고 너도 그 아이가 좋고. 그러면 그냥 둘이 좋아하면 되는 거잖아. 간단하네."

"뭐가 간단해요. 동진이가 끼여 있는데."

"그건 동진이 마음이지. 그것까지 네가 신경 쓸 게 아니라고 생각하는데."

"너무 잔인하잖아요."

"가장 잔인한 것이 뭔지 아니? 네가 동진이 때문에 그 아이 마음을 거절하는 거야. 그 아이는 거절당해 상처 받겠지? 좋아하는 사람을 포기해야 하니 너도 상처 받고, 그 여자애에게 상처를 주어 미안하고 마음 아프고. 그렇다고 동진이는 해피엔딩일까? 너에게 거절당한 아이는 동진이가 고백한다고 해서 자신은 좋아하지도 않는 동진이와, 그것도 자신이 좋아하지만 거절한 너와 가장 절친인 동진이와 사귀게 될까? 만약 그 아이가 자기는 너를 좋아하고 있다고 이야기를 한다면 동진이는 어떨까? 동진이가 자기 때문에 네가 그 아이를 거절한 걸 알게 된다면? 셋 모두에게 가장 잔인한 선택이 되지 않을까? 그러니 동진이를 빼고 둘이 해피엔딩 해!"

"그래도 동진이가… 너무 마음 아파할 텐데요. 나한테 배신감도 느끼고 실망도 하고."

"그건 오로지 동진이의 몫이야. 배신감을 느껴도 실망을 해도 어쩔 수 없지. 네가 어떻게 해 줄 수 있는 게 아니지 않니?"

"그래도….."

"그럼 셋 다 새드엔딩 할까?"

변화를 위한, 세상 어디에도 있는 말랑말랑학교

"진짜 잔인한 건 선생님이에요."

"총각, 타인의 감정은 우리가 어떻게 해 줄 수 있는 게 아니야. 오로지 자신만의 몫이지. 그 여자애가 너를 좋아하는 것도 그 아이의 몫이고, 동진이가 그 여자 아이를 좋아하는 것도 동진이의 몫이야. 네가 어떻게 해 줄 수 있는 것은 없어. 오로지 너는 너의 감정을 따르면 되는 거야. 너를 세상 중심에 두고 결정하란 말 기억하지? 너는 빼 버리고 상대방이나 상황만 생각하는 거 말고 오로지 너만 생각하면서 결정해야 해."

"죽을 것 같았다니까요. 목숨이 걸린 거라 전화한 거라고요."

"그랴? 지금도 목숨이 걸린 것 같아?"

"아니요. 하지만 솔직히 아직… 잘 모르겠어요."

그대 엘, 때로는 자신의 생각과 감정을 우선시해야 할 상황이 오기도 해요. 누군가를 실망시키지 않게 하기 위해 그대 엘이 너무 아프거나 상처 받지 않았으면 좋겠어요. 그 편이 오히려 문제를 단순화시키는 방법이 될 수 있답니다.

지금 누군가를 실망시키고 싶지 않아 그대 엘을 힘들게 하고 있는 일이 있나요?

_____

_____

_____

_____

10. 까칠렐라를 아시나요?

그대 엘은 별명이 있나요? 학창 시절 선생님에게 별명을 붙여준 기억은요?

샘정은 30년 넘게 학교에 있다 보니 별명이 많아요. 가장 최근에 얻은 별명이 '까칠렐라'랍니다. 신데렐라 언니 까칠렐라라고. 까칠렐라라는 별명에서 어떤 느낌이 풍기나요?

대중문화 평론가의 말을 빌리면 드라마에서 까칠남, 나쁜 남자가 인기 있는 이유는 그가 자신을 중심에 두고 있기 때문이라고 해요. 자기가 하고 싶은 대로 말하고 행동하며 당당하게 상대에게 요구하는 모습이 대리 만족을 시켜 주기 때문이라지요.

아이들과의 수업은 질문과 대답의 연속일 때가 많아요. 학생들은 정보를 수집하여 답을 찾아가는 과정에서 종종,

변화를 위한, 세상 어디에도 있는 말랑말랑학교

"쌤, 쌤이 그냥 답 말해주심 안돼요?"라고 하다가 곧 이렇게 말합니다.

"네, 안 되는 거 알아요."

그리고 대충 찾았다 싶으면 또 물어요.

"이거 맞죠?"

그리고 또 바로 자신들이 대답하죠.

"네, 아닌 거 알아요."

"과학 선생님이 무엇을 얼마만큼 원하는지는 처음에 정확하게 다 이야기했어요. 그 조건들을 모두 만족시켜야 한다는 거 알죠? 세상 그 어디에도 없어서 오로지 여러분들의 머리에서 생산해 내야 하는 지식들이 필요한 과제가 아니잖아요. 정보는 어마무시하게 많아요. 이미 존재하는 지식 정보를 찾고 그 많은 정보들 중에서 우리의 과제를 해결하는 데 필요한 것만 고를 수 있는 힘, 그리고 선택한 정보를 재조합하여 나만의 글쓰기를 통해 재생산하는 능력이 중요하다는 건 입이 아프도록 늘 말하는 거죠? 매 과제마다 조금씩 원하는 정도가 많아지고 있다는 거 알아요. 하지만 늘 제자리에 머물러 있을 수는 없잖아요. 수업에는 무엇이 있어야 한다?"

"배움과 성장요."

"그렇죠! 이 수업을 시작하기 전과 진행하는 동안 그리고 수업이 끝났을 때 작은 변화가 있어야 하는 거죠. 배움이 늘어나고, 그를 통한 여러분들의 성장이 있어야 하는 거죠. 수업 전과 수업 후가 똑같으면… 안 돼요. 그래서 아주 치밀하게 구성한 수업이에요. 그 과정을 제대로 밟아가다 보면 힘들어도 분명 여러분들의 배움도 많아지고 성장하게 될 거예요. 과학쌤 고집 알죠? 장인 정신에 가까운 까다로운 고집."

"너무 까다로워요."

"그래도 예쁘잖아요."

"치이…."

"인정할 건 인정하는 것도 중요한 성장이고 배움이에요."

"알겠어요, 알겠어요. 예뻐요 예뻐."

학년을 시작하면서 이런 대화들이 몇 번 오고 가니 아이들은 예쁘지만 까칠한, 그래서 신데렐라 언니 까칠렐라라는 별명을 선물해 주더군요.

바로 답을 말해 주지 않고 대화를 통해 끊임없이 질문을 던지는 것은 자기 주도적인 학습을 위해서이기도 하지만 또 다른 이유가 있어요. 자신의 이야기를 제대로 전달하는 연습이 많이 필요하다고 생각하기 때문이에요.

그대 엘은 하고 싶은 이야기를 잘 표현하는 편인가요?

정확하게 자신이 원하는 바를 표현하는 것이 익숙하지 않은 사람들이 생각보다 많아요. 하고 싶은 말이 있어도 다른 사람들이 어떻게 생각할까 걱정하기 때문에 마음속에서 접어 버리고 표현하지 않는 사람들.

그대 엘은 화가 나려고 하면 어떻게 하는지요? 화는 제대로 내지 못하면 상대에게도 상처를 주고 나 자신도 많이 힘들어집니다. 화를 잘 내는 것은 매우 중요해요. 무조건 꾹꾹 참기만 해서도 안 되거든요. 혹시 '화 예고제'라고 들어 봤어요?

나를 제대로 표현하는 한 방법으로 쌤정이 선택한 방법이 '화 예고제'랍니다. 비가 올 수도 있다는 일기 예보처럼 화를 낼 수도 있다는

변화를 위한, 세상 어디에도 있는 말랑말랑학교

이야기를 미리 하는 거예요.

작년 학년 말의 상황이에요. 12월에 학교 행사가 갑자기 많이 생기면서 수업 시수가 줄어들었어요. 마음은 그러죠.

"내 과학 수업보다 저런 다양한 체험들이 훨씬 더 중요하고 필요한 거야."

그런데 문제는 미리 계획을 전해 받지 못한 터라 나름 준비한 수업들을 못 하게 된 거였어요. 샘정이 제일 까칠렐라가 될 때가 바로 수업을 못 하게 될 때랍니다. 진도가 바쁜 상황이 되면 느긋하고 우아하게 수업을 할 수 없잖아요. 수업은 교사인 내게 가장 중요한 일인데 시간에 쫓겨 하고 싶지 않기 때문이에요.

그래서 일주일에 다섯 학급에 두 시간씩 보강을 하려고 하니 5일 동안 매일 6시간의 수업을 해야 하는 상황. 가장 큰 문제는 내가 더 이상 젊지 않다는 겁니다. 체력이라는 너무도 현실적인 문제와 마주한 거죠. 아이들의 불만도 크고요. 아이들은 종종 양면성을 보이거든요. 진도를 너무 빨리 나간다거나 왜 진도를 다 나가지 않느냐고 짜증을 내기도 하지만 곧 방학이 다가오는데 무슨 보강이냐며 불만을 터트리기도 해요. 이런 아이들과 10시간의 보강을 진행해야 하는 나이든 교사라는 현실….

"선생님이 학교에 오는 내내 스스로에게 부탁하고 또 부탁하면서 왔어요. 화내지 마… 화내지 마. 화내면 안 돼. 아이들에게 화내지 마… 진짜진짜 간곡하게 부탁하는 거야. 수업하면서 아이들에게 화내지 마. 이렇게 부탁하면서 왔고 지금도 그 마음 간절합니다. 지금 화가 나 있다는 건 아니에요. 그런데 화가 나려고 하는 건 사실이에요. 아이들 때문이 아니라 선생님이 지치고 힘들어서. 10시간이나 보강하느라 육체적으로도 많이 힘들고, 학년말 업무는 엄청 많거든요. 여러분들은 영화도 보고 싶고 꿈끼 발표 준비도 하고 싶은데 꾸역꾸역 빡세게 탐구 과제에다가 1:1 문답식 수업을 하니 하기 싫은 마음도 있고 힘들기도 한 거 알고. 그 마음을 충분히 다 받아주고 안아줄 수 있어야 하는데…선생님이 학년말 과다업무로 지치고 힘이 드니까, 선생이기 이전에 사람인지라 작은 일에도 자꾸 화가 나려 하는 게 느껴져요. 그래서 두려워요. 선생님 자신이 두려워요. 조율 능력을 잃어버릴까 봐. 그래서 나 스스로에게 부탁하면서 온 거예요. 출근 내내 화내지 말고, 끝까지 화내지 않고 마지막 수업까지 잘 하고 싶다고. 아니, 꼭 그렇게 해야 한다고. 그래서 지금 선생님의 상황을 자세히 이야기하는 거예요. 여러분들의 도움이 필요하거든요. 선생님도 이성적으로, 감정 조율을 잘 하도록 최선을 다하겠지만 여러분들이 선생님을 도와줘요. 선생님이 여러분들을 위해 준비하고 주고 싶어 하는 것을 모두 할 수 있도록 도와줘요. 여러분을 위해 준비한 수업인데 그 수업을 하며 화를 내 버린다면, 여러분들도 상처를 받겠지만 가장 큰 상처를 받는 건 선생님, 바로 내가 될 걸 알거든요. 여러분들 기억 속에 별로 배우고 싶지도 않은 걸 가르치면서 성만 버럭버럭 내는 선생님으로 남으면 너무 아플 거 같아요. 열심이던 모습, 여전히 예쁜 척하며 잘 웃겨 주던 모습으로 마무리하고 싶어요. 이런 선생님을 여러분들이 잘 도와주어요. 부탁이에요." 다섯 반의 아이들에게 이렇게 내 마음을 솔직하게 털어놓고 부탁했어요. 그 정도로 힘들었고 그래서 절실했거든요. 열네 살 아이들에게 손 내밀어 도움을 청했고 진심으로 나를 도와주며 최선을 다해 준 아이들 덕분에 준비한 선물들을 다 풀어 보일 수 있어서 너무 고마웠답니다. 나이가 들었다는 거, 체력이 예전만 못하다는 거, 그래서 더 큰 조율의 힘이 필요하다는 것을, 혼자 힘으로는 감당 못 할 걸 깨닫고 도움을 청했던 거지요. 오십대 선생님이 내미는 도움의 손을 열네 살 아이들이 따뜻하게 잡아 주었어요. 그래서 활짝 웃으며 과학실의 방학식을 할 수 있었고요.

기상청의 전문가들이 비가 올 것을 알 수 있는 것처럼 내 안에서 화가 올라오는 것을 나는 느낄 수 있잖아요. 그래서 예고를 하는 거죠. 화가 날 수도 있는 상황에 대해 미리 이야기하면서 나 스스로도 조율하고 상대에게도 도움을 청하는 거예요. 비가 올 것을 알았기에 우산을 준비해 비를 피할 수 있듯이. 그대 엘, 하고 싶은 이야기를, 원하는 것을 제대로 잘 전달하는 까칠렐라가 되어 보는 건 어때요?

다시 한번 시나리오 작가가 되어 화가 머리끝까지 난 배우 엘의 행동과 대사를 써 주세요.

_____

_____

_____

11. 빈자리를 느낄 여유를 주겠어

그대 엘의 생활 기록부 행동 특성 및 종합 의견란에는 어떤 이야기들이 적혀 있을까요? 쓸 때마다 교사로서 큰 고민 중 하나거든요. 1년 동안 관찰 기록한 자료만으로는 부족한 것 같아 아이 본인, 가족, 친구들에게 주는 질문지를 만들어 내가 보지 못하고 알지 못하는 정보들을 최대한 수집하여 적어 주려 노력하지만 그래도 매우 힘든 작업이랍니다.

대학 졸업 즈음 취업을 위해 고등학교 생기부를 처음 발급 받아 보았는데 솔직히 많이 놀랐었어요.

'선생님은 내가 이런 사람이라고 생각했던 걸까? 내가 고등학교 시절 이런 아이였었나? 내가 이렇게 기록이 되어 있었단 말인가?' 등등 생각이 무척 많아졌지요.

그대 엘은 책임감에 대해 어떻게 생각하는지요? 책임감이 강한 사람이라 부르면 어떤 느낌이 드나요?

나는 가끔 '과다 책임감'이라는 말을 하곤 해요. 한때 나도 중증 '과다 책임감' 증세를 심하게 앓으면서 살았던 사람이에요.

친구가 목욕탕에서 미끄러져 3일 입원하고 바로 출근했더니 몹시 힘들다고 하더군요. 병가를 내서 제대로 치료해야 하지 않겠냐고 했더니 이러더군요.

"그게 말처럼 쉽지가 않아. 아이들 수업도 그렇고….."

그래서 아주 독한 말을 해 주었어요.

"너 그거 아니? 너 대신에 오는 그 선생님이 너보다 훨씬 더 좋은 수업을 할 수도 있다는 거? 너 아니면 안 될 것 같지? 근데 너 아니어도 잘 돌아간다. 아이들은 매일 만나던 네가 아닌 다른 새로운, 신선한 선생님을 만나 신나고 즐거울걸. 니가 하던 수업과는 다른 색다른 수업을 경험하는 아주 좋은 기회를 니가 뺏는 것일 수도 있어."

"그래도 내가 맡은 반이고 수업인데…,"

"혹시 초·중·고등학교 생기부에 빠짐없이 맡은 바 책임을 다하는 성실한 학생이라고 쓰여 있는 거야?"

"책임감은 중요하지."

"책임감 중요하지. 너무 너무 중요하지. 하지만 가장 중요한 것은, 너를 위한 책임감이지 않을까? 담임을 맡은 반 아이들에 대한 책임감도 중요하고 수업 들어가는 다른 반 아이들에 대한 책임감도 중요하지만, 너를 위한 책임감도 그 못지않게 중요해. 아이들이 아픈 허리 꿍

끙거리며 수업하는 선생님보다는 건강하게 밝게 웃는 선생님을 만나는 것도 중요하고."

"그래도…."

"무책임하라는 이야기가 아니잖아. 책임감도 내가 감당할 수 있는 만큼이어야 한다는 거야. 과다 책임감으로 인해 짓눌리지는 말자는 거지. 업무 대신해 줄 동료들에게 미안하다? 간혹 그렇게 마음의 빚을 좀 지며 사는 것도 괜찮지 않을까? 그러면 그 사람도 나중에 누군가에게 부탁할 게 있을 때 나에게 부탁해도 괜찮을 이유가 만들어져 좋잖아. 지난여름에 갑자기 25년 된 냉장고가 고장이 났어. 냉장고가 슈퍼마켓 가서 당장 사올 수 있는 우유 같은 게 아니다 보니 며칠은 냉장고 없이 살아야 하는 상황이 발생한 거지. 냉동실에 있던 것들은 당장 어딘가로 옮겨야 하고. 몽땅 싣고 친정으로 달려갈까 하다가 조금씩 나누어서 윗집, 옆집, 아랫집 이웃들에게 사정을 설명하고 며칠간 맡아 달라 부탁했어. 남편은 이웃에게 폐를 끼치면 안 된다고 말렸지만 어느 정도의 폐는 도리어 서로를 연결해 주는 끈이 되어 줄 수도 있다고 생각했거든.

'이거 며칠만 냉동실 귀퉁이에 보관해 주시고, 나중에 혹시 비슷한 상황이나 부탁할 것이 있으면 우리도 기꺼이 도울게요'라면서. 비좁은 냉동실을 며칠 빌려주는 불편함을 감수해야 했겠지만 급할 때 부탁할 곳이 한 군데 생겨서 조금 안심되는 기분이지 않았을까? 절대 폐 끼치지 않는 사이, 너무 슬프지 않니? 도움을 받고 주면서 사는 게 사람 사는 거 아닐까? 모든 것을 혼자 해결하고 감당하려는, 타인에게

변화를 위한, 세상 어디에도 있는 말랑말랑학교

피해를 줄 수 없다는 과다 책임감이 어쩌면 우리를 외롭고 힘들게 하는 건 아닐까 하는 생각이 들어. 타인에 대한 지나친 배려가 오히려 그들과의 소통을 방해하기도 한다고 생각해. 또 타인은 넘치는 책임감으로 배려하면서 너 자신을 위한 배려는? '성실하고 책임감이 강하여 맡은 바 일을 잘 한다'라는 말도 좋지만 '타인과 소통하며 자신과 남을 균형 있게 배려한다'라는 것도 좋지 않을까?"

그대 엘은 여행 좋아해요? 나는 1년에 한 번은 혼자만의 여행을 가요. 얼마 전에도 강연 겸 2박 3일의 혼자 여행을 갔었어요.

주부로서 본분(?)을 다하며 아내와 엄마의 빈자리가 느껴지지 않도록 집도 깨끗하게 치워두고 며칠 먹을 국도 끓여 두고 갖가지 밑반찬도 맛깔나게 해 두어야 할까요?

그러다 지쳐 출발하기도 전에 진이 다 빠져버릴 텐데요. 보통 날과 같이, 아니 평소 같으면 정리했을 소파의 쿠션도 정리하지 않은 채, 아무 것도 안 해놓고 집을 나왔어요.

"아내와 엄마의 빈자리 팍팍 느껴 보아요. 자유를 주겠쓰으~~~. 내가 해놓은 반찬을 먹어야만 하는 구속과 의무에서 벗어나 맘껏 골라 먹는 자유를 주겠쓰으~~~. 이 기회에 불량식품 마음껏 먹을 수 있는 자유를 듬뿍 주겠쓰으~~~. 어차피 먼지 쌓인 집이니 수건 아무데나 걸쳐 두고 옷도 마구 벗어 던져 둘 수 있는 자유, 집을 마음껏 어지를 수 있는 자유를 주겠쓰으~~~~. 아내와 엄마가 없는 세상을 마음껏 누려~~~~ 나도 짧지만 이 여행을 맘껏 즐기고 누리고 올 테니."

과다 책임감으로 힘들었던 이야기를 해 주세요. 지금 같은 상황이 된다면 어떻게 하고 싶은지도요.

변화를 위한, 세상 어디에도 있는 말랑말랑학교

12. 마법의 몸짓, 끄덕끄덕

네이버 블로그씨가 질문을 했어요. SNS에서 보기 싫은 타입에 대해 말해 달라고.

그대 엘은 어떤 대답을 할 것 같아요?

호불호가 참 선명했던 시절이 있었어요. 그런데 지금은 좋고 싫음의 경계가 모호해졌다고 할까요, 아님 무심하다고 해야 할까요.

SNS에서 보기 싫은 타입이라… 어쩌면 조금 더 젊었던 날에 이 질문을 받았다면 번호 붙여 가며 적지 않게 나열했을지도 모르지만 지금은 그저 그러려니 합니다.

보이는 것만 볼 수 있는 게 SNS상의 모습일 텐데 그 모습이 그 사람의 전부는 아닐 것이고, 내 기준에서의 잣대가 절대적일 수도 없으니까요. 다 나름의 이유가 있겠지, 하곤 해요.

한 친구는 이런 나를 보고 회색주의자 같다고 하더군요. 어쩌면 직업병(?)의 한 증세일지도 모르겠어요. 30년 넘게 아이들을 만나면서 생긴 자기 확신 내지는 확실성에 대한 두려움에 기초한 모호함. 내가 보고 내가 듣는 이것들이 전부가 아닐지 모른다는.

사람마다 다양한 모습이 공존하잖아요. 그 누구도 타인을 다 안다고는 할 수 없어요. 나조차도 나를 모를 때가 얼마나 많은데요.

내가 즐겁게 하고 있는 블로그를 통해 보이는 내가 누군가에게는 'SNS에서 보기 싫은 타입', 바로 그 사람일지도 모를 일이지요.

살면서 찾게 되는 마법 같은 말들이 있어요.

"어떻게 그럴 수가 있어? 이게 말이 된다고 생각해?" 대신 찾은 마법의 말. "그래, 그럴 수도 있지."

그리고 찾은 또 하나, 마법의 몸짓.

"진짜 별꼴이야. 정말 저러고 싶은가? 이해할 수가 없네. 난 저런 타입 정말 싫던데… 저런 타입 딱 질색이야" 대신, 말없이 고개를 끄덕끄덕합니다. 그냥 그러려니 하는 거지요.

그대 옐만의 마법의 주문을 만들어 보아요.

_____

_____

_____

변화를 위한, 세상 어디에도 있는 말랑말랑학교

4장

행복학

오리엔테이션 1

그대 엘은 유행을 따르는 편인가요? 패션에 관심이 많은 샘정은 유행에 민감한 편이에요. 무조건 유행하는 스타일을 따라 하지는 않지만 늘 유행을 향한 안테나가 작동하는 이유는 나만의 스타일을 즐기면서도 유행에는 뒤지지 않고 싶기 때문이지요.

진바지를 즐겨 입는데 바지 길이라는 것이 생각보다 예민하답니다. 길게 발등을 덮을 때도 있고 복숭아 뼈가 드러나도록 짧아지기도 하죠. 올해의 유행이 짧은 길이의 바지라면, 유행을 즐기는 방법에는 두 가지가 있겠죠. 짧은 길이의 바지를 사는 것과 가지고 있는 바지의 길이를 자르는 거. 젊은 날의 샘정은 바지를 새로 사는 것을 선택했었어요. 하지만 지금은 싹둑 자르는 선택을 한답니다.

'줄면 더 줄지 키가 커질 리는 없고 발등을 전부 덮는 이 길이는 싫

변화를 위한, 세상 어디에도 있는 말랑말랑학교

고 굳이 접어서 입을 수도 있지만 지퍼가 있어 접은 모양이 이쁘지 않고. 언젠가는 유행이 돌고 돌아 다시 바지 길이가 길어지기는 하겠지만 그때를 위해 보관한다? 그럴 필요는 없지!'

미래보다는 지금을 살기 위해 싹둑 잘라 버렸지요. 다시 길게 입는 유행이 찾아온다면 밑단을 덧대어 길이를 늘여도 되고. 어쨌든 지금 입고 싶은 진바지를 새로 사지 않고 즐길 수 있는 방법은 가지고 있는 바지를 싹둑 자르는 것.

언젠가는 다시 유행이 돌아올지 모르니 옷장에 잘 모셔두어야지, 하며 다른 옷을 샀던 지난날을 돌아보니 막상 길이가 긴 바지를 입는 유행이 돌아와도 그 바지를 다시 입게 되는 일은 잘 없더군요. 길이가 긴 바지와 새로 산 짧은 바지, 그리고 다시 사게 된 길이가 긴 바지. 이렇게 세 벌의 바지가 옷장에 쌓이게 되는 거예요. 그런데 길이가 긴 바지를 잘라서 입고, 나중에 다시 리폼을 하면 나만의 개성을 더한 스타일을 즐길 수 있어 좋아요.

그대 엘, 변화를 위한 연습의 시간들을 거쳐 왔는데 어떤가요? 필요 없다, 도움이 안 된다, 싫다 이런 것들은 과감히 잘라내고, 있으면 좋겠다, 하고 싶다, 필요하다는 말들은 이어 붙이는 연습이 된 것 같죠? 연습을 했으니 실전에 돌입해 볼까요?

오리엔테이션 2

　그대 엘은 일기 예보를 챙겨 보는 편인가요? 나는 젊은 날에는 일기 예보를 보지 않았어요. 내일 한낮 기온이 36도까지 올라간다는 예보를 듣는 순간 아직 오지도 않은 내일의 더위가 내 온몸을 감싸는 것 같아 미리 덥고 짜증이 나서 차라리 모르고 있다가 더위에 허덕이는 게 낫겠다 싶은 마음이었거든요.

　그러다 어느 순간부터 일기 예보를 챙겨 보게 되었어요. 마음의 힘이 조금은 단단해졌나 봐요. 내일 한낮 기온이 36도까지 올라간다는 예보를 보아도 그냥 내일은 특별히 시원하고 편한 옷을 준비해야겠다는 생각을 하게 된 거죠. 그런데 일기 예보는 종종 틀리기도 하잖아요. 비가 온다고 해서 우산을 챙겨 왔는데 쨍쨍한 날씨, 우산은 펴 보지도 못한 채 거추장스럽게 들고 다니다가 어딘가에 두고 와 버린 그런 날

변화를 위한, 세상 어디에도 있는 말랑말랑학교

도 있고, 비 온다는 이야기가 전혀 없었는데 갑자기 쏟아진 비 때문에 온몸이 흠뻑 젖어 버린 날도 있고요.

인생이라는 게 내가 원하는 대로 잘 흘러가면 참 좋겠는데, 그렇지 않은 경우가 종종 생기지요. 살다보면 예기치 못한 상황과 마주하게 될 때가 적지 않아요.

제주 여행을 준비할 때였어요. 아쉽게도 여행 이틀째부터 비가 많이 올 거라는 예보가 떴어요. 그 순간 갑자기 이런 생각이 들더군요.

'만약 비가 온다는 예보가 없었는데, 그래서 치마만 가져갔는데 갑자기 비가 왔다면?'

예보에 의해 충분히 비에 대한 대처를 할 수 있는 상황과 예보에 없던 갑작스런 비와 맞닥뜨렸을 때는 많이 다르겠지요.

일기 예보에서 비가 온다고 했으니 비에 대한 적절한 준비를 하는 것이 맞겠죠? 비에 젖은 옷이 온몸에 닿는 눅눅함을 피하기 위해서는 반바지가 좋을 것 같고, 민트색의 예쁜 레인 코트로 멋도 좀 내고, 가방을 하나 더 가져가더라도 장화도 넣어서 가는 것도 좋을 것 같고요.

그런데 그 여행에서는 치렁치렁하다는 말이 가장 잘 어울리는 길고 폭넓은 치마를 입고 흰 운동화를 신었었답니다. 가끔 엉뚱한 생각을 하고 그걸 거침없이 행동으로 하는 샘정이거든요. 여행 준비를 하면서 생각한 거죠.

'예보에는 전혀 없던 갑작스런 비를 만난다면…?'라는 생각을 한 거예요. 다른 선택이 없을 때, 그 상황을 받아들이고 나아가 개의치 않고 즐길 수 있는 내가 되어 보고 싶었기 때문입니다.

나는 비 맞는 것을 몹시 싫어해요. 옷에 스며든 눅눅함이 피부에 전해지는 것이 싫고 특히 빗물이 직접 피부에 닿는 건 더 싫고 그중에서 제일 싫은 건 비에 젖은 운동화입니다. 이렇게 말하니 싫은 것도 참 많다 싶네요.

학창 시절 비 오는 날에는 책가방의 책을 모두 빼고 집에 돌아올 때 신을 새 운동화를 넣어 갔을 정도로 비에 젖어 눅눅한 운동화는 진짜 싫어하거든요.

여행 동안 이틀에 걸쳐 비가 올 거라는, 그것도 많은 양의 비에 바람까지 분다는 예보를 본 순간 평소 같으면 이랬을 겁니다.

'비가 오면 비를 즐기자는 주의기는 하지만 대신 싫어하는 비에 대해 나름 철저히 준비도 해야겠지.'

그런데 이번에는 생각을 좀 달리해 보자 싶었어요. 비 온다는 예보를 못 봤다 치고, 예보가 잘못되어 줄곧 화창할 거라 했었는데 전혀 예기치 않게 비가 쏟아지는 상황을 맞게 된다면?

화를 내거나 짜증을 내며 그 상황을 피해버리고자 아예 호텔 밖을 나오지 않게 될까?

인생살이에 준비 없이 마주하는 이런 상황들이 적지 않음을 경험해 왔음에도 이렇게 고집 센 점이 있다는 건 아직 무너져야 할 부분이 남아 있다는 소리가 아닐까.

좋아, 내 이번 여행에서 흔쾌히 그 비를 맞아 주리라.

젖은 운동화쯤은 감당해 주리라.

무방비 상태에서도 기꺼이 즐겨 주리라!

비에 전혀 개의치 않는 남편과 그의 순수 혈통인 두 아이는 비 온다는 일기예보에 나를 걱정하며 이러더군요.

"우산 챙겼나? 그걸로 되겠나? 큰 우산으로 챙기지."

"비옷은?"

"장화도 넣었나?"

"비 오면 엄마는 호텔에만 있어도 되요. 책 많이 가져가서."

하지만 그 여행 동안 비에 대한 나의 대처는 달랑 3단 접이 우산 두 개뿐이었어요.

준비 없이 맞닥뜨린 비, 치렁치렁 비에 젖어 휘감기는 치마를 입고 흰색 운동화를 신고도 충분히 즐겨 주리라, 다짐하면서.

그 결과, 여행 동안 샘정의 모습이 담긴 사진들을 보니 화창했던 날도, 비가 쏟아지던 날도, 모두, 몹시도, 좋았더라…입니다.

큰 우산 없이도, 비옷 없이도, 기능성 아웃도어 없이도, 반바지 없이도, 장화 없이도, 즐겼던 비 오는 제주였어요.

그리고 여행에서 돌아오니 아파트 평수는 여전히 그대로인데 마음 한 부분이 조금 넓어진 느낌이 들더군요.

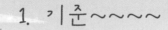

1. 기준~~~~

롱 카디건에 벨트를 했어요. 출근길에 들은 말.

"니트 카디건 위에 벨트를? 나도 저렇게 입어 볼까 생각해 봤는데 뚱뚱해 보여서 못 하겠던데…."

"괜찮아요. 기준은 내가 정하면 되니까요."

"그래도 남들 눈에…."

"괜찮아요. 그건 남들의 생각이고 내가 그렇게 생각하지 않으면 되니까요."

기습 질문.

"내가 뚱뚱해 보여서 세상에 폐가 되는 게 있나요?"

동공 지진을 일으키며

"그런 건 아니지만 날씬해 보이면 좋잖아요."

변화를 위한, 세상 어디에도 있는 말랑말랑학교

"뚱뚱해 '보이고' 날씬해 '보이는' 것과 뚱뚱하거나 날씬한 것은 좀 다르다고 생각해요. 똑같은 나인데도 옷을 어떻게 입느냐에 따라 뚱뚱해 보이기도 하고 날씬해 보이기도 하잖아요. 내가 입고 싶은 걸 입으면 된다고 생각해요. 지금처럼 세상에 폐를 끼치지 않는다면요."

물론 몇몇 사람은 폐가 된다고 생각할지도 모를 일이지만요, '허리도 없는 사람이 무슨 벨트, 보는 사람 눈도 생각해야지' 라고.

그럼 이렇게 대답해 주지요 뭐. "그래서 벨트로 허리 표시한 거예요."라고 체육 시간에 선생님이 한 아이를 지명해서 말하죠.

기준~~~~.

그러면 아이들은 기준이 된 그 아이를 중심으로 각자의 위치를 찾아가요. 체육 시간 기준은 선생님이 정해주지만 내 삶의 기준은 내가 정하기로 해요. 기준은 움직이지 않고 두 발 단단히 땅에 붙이고 당당히 서 있지요. 기준을 중심으로 다른 아이들이 움직이는 거잖아요. 기준이 움직이면 전체가 다시 움직여야 하니 기준의 역할이 중요하겠죠?

내 삶의 기준은 내가 정하기로 해요. 다른 기준으로 보는 사람은 그 사람대로 두면 되고요.

오랜 시간 운전을 하다가 대중교통을 이용하는 선택을 한 샘정에게 많은 사람들이 이야기합니다.

"차 없으면 엄청 불편할 텐데. 진짜 괜찮아요?"

"기사 딸린, 예전과는 비교가 안 되는 큰 차가 생겼는걸요."

그 역시 기준을 어디에 두느냐에 따라 다른 거 같아요.

우리 집에 처음 오는 사람들은 거실에 서 있는 마네킹을 보고 놀랍니다. 샘정이 엄청 즐거이 재미있어하는 일이 마네킹에 옷, 신발, 가방 등을 코디해 보는 것이거든요.

패션 블로그를 하겠다고 생각하면서 가장 먼저 한 것이 내 사이즈인 66사이즈 마네킹을 구하는 것이었어요. 그런데 그게 쉽지가 않더군요. 보통 시중에 나와 있는 마네킹은 44반 내지 55사이즈라 특별히 주문을 해야 했어요. 인터넷으로 주문을 했더니 마네킹 가게 사장님으로부터 전화가 왔어요.

"아줌마 66사이즈에 옷 입혀두면 장사 망해요. 아무도 안 살 걸요."

하며 극구 말리는 겁니다. 보통의 작은 사이즈의 마네킹을 사라고.

"저는 옷 장사를 하려는 게 아니에요. 저와 같은 사이즈의 마네킹이 필요한 거랍니다."

내가 포기하지 않자 사장님은 급기야 이러더군요.

"받아보면 놀라실 겁니다. 진짜 뚱뚱합니다요. 이렇게까지 말했는데 반품하면 안 됩니다. 진짜 놀랄 건데. 생각하고는 다르다니까요."

이런 만류에도 불구하고 굳이 66사이즈의 마네킹을 산 것은 실제나와 최대한 비슷한 핏을 보여주고 싶었기 때문이에요. 큰아이가 패션 디자인을 전공하고 있던 터라 집에 보통의 마네킹이 있었는데, 같이 두니 차이가 확실하더군요. 마네킹 가게 사장님 말처럼 깜짝 놀랄만큼. 그동안은 옷 가게의 깡마른 마네킹이 기준이었는데 그 기준을 내 사이즈의 마네킹으로 바꾸니 무지 기분이 좋았어요.

선글라스 마니아인 샘정은 동네 슈퍼에 갈 때에도 선글라스를 끼고 가요. 선글라스를 끼는 것은 샘정이 스스로를 사랑하는 방법 중 하

변화를 위한, 세상 어디에도 있는 말랑말랑학교

나거든요. 좋아하는 것을 하니 나를 기분 좋게 만들어 주고, 눈 건강에
도 큰 도움이 되고요. 흐린 날에도 낄 때가 있어요. 그냥 내 맘이지요.

"해도 안 났구만."

"햇빛하고 상관없어요. 내가 끼고 싶거든요."

"남들이 뭐라고 하겠나?"

"남들이 나에게 그렇게까지 관심도 없겠지만, 살짝 관심 있어 뭐라
고 하면 이렇게 말해주지요. 저 여배우예요. 그것도 뼛속까지 여배우."

좋아하다 보니 렌즈 색깔이 다양한 선글라스들을 가지고 있는데
선글라스를 껴 보면 세상은 그대로인데 렌즈 색깔에 따라 세상이 다
르게 보인답니다. 오늘 내가 어떤 렌즈를 통해 세상을 볼 것인가는 내
가 선택하는 거죠.

그대 엘에게는 삶의 경쟁자가 있나요? 비교와 경쟁을 좋아하지 않
지만 샘정에게는 딱 한 사람, 생의 경쟁자가 있어요. 삼성가의 장녀 이
부진 씨를 유일한 경쟁자로 생각하고 있답니다. 그녀는 아마 내가 이
세상에 존재하는지조차도 모르겠지만 나는 그녀가 참 고맙답니다. 내
삶의 기준을 잘 지탱할 수 있게 해주는 힘을 주거든요. 그래서 언젠가
기회가 닿는다면 밥 한 끼 사고 싶다는 생각이에요. 샘정네의 소박한
밥상이면 더 좋을 테지만요.

그녀와 나는 삶의 궤도 자체가 달라요. 그녀는 태어나 보니 아버지
가 삼성의 이건희 씨였죠. 삶의 시작 순간부터 상상을 초월하는 격차
가 존재하지만, 부모는 내가 선택할 수 있는 게 아니니까, 그것을 잊지
않고 기억하기 위해 그녀를 유일한 경쟁자로 삼고 살아가요. 부모처

럼 내가 선택할 수 없는 것, 내가 바꿀 수 없는 것에 대해 욕심 부리며 시간과 감정을 소모하지 않도록 나를 조율하게 해주는 힘으로 삼은 거지요. 대신 내가 할 수 있는 것에서는 최선을 다하고요. 또 내가 부모를 선택할 수 없었듯이 내 아이들도 나를 선택해서 이 세상에 온 것이 아니라는 것을 잊지 않고, 그러니 부모로서 사랑을 듬뿍 주어 내 아이를 키워야겠다는 마음을 잊지 않기 위해서. 아이를 키우면서 자꾸만 생기는 욕심을 조율하기 위해 만든 나의 기준이었어요. 이렇게 기준은 내가 나름대로 만들면서 살아가는 거라 생각해요.

기준~~~~! 그대 엘이 기준이에요.

기준을 단단히 유지해서, 지금 생각해도 다행이다, 잘 했다 싶은 이야기를 들려주어요.

변화를 위한, 세상 어디에도 있는 말랑말랑학교

2. 찬물? 더운물?

수업 시작할 때 아이들에게 선택을 하라고 합니다. 과학실을 뛰쳐나가는 것까지 허용하진 못하지만 수업에서 무엇을 얼마만큼 성취할지는 스스로 선택해보라고. 수업의 주인공이 될지, 주변인으로 머물러 있을지는 선택할 수 있는 거라고.

만족스러운 삶을 살기 위해서는 매 순간 선택이 필요해요. 많은 일들 중에서 어떻게 우선순위를 정하느냐, 자신의 삶에서 가장 중요한 것은 무엇인가를 아는 것, 다른 사람에게 눈을 돌리기 전에 나를 먼저 보는 것이 중요해요.

그대 엘에게 가장 중요한 것은 무엇인가요?

이미 지나간 과거를 돌아보며 후회하지 말자고, 그때는 그것이 최선이었다고 생각하자고 했었죠. 하지만 생의 마지막 시간, 더 이상 미

래가 없는 순간에 도달하면 조금은 후회하게 되겠지요. 그 순간마저
도 후회가 전혀 없기는 불가능하지 않을까요? 하지만 조금 덜 후회할
수는 있을 겁니다. 그렇게 되기 위해서 엘의 선택들이 매우 중요한 거
구요.

암석에 관한 수업을 할 때 이런 과제를 냅니다. 암석 단원 수업에
서 가장 기억에 남는 '돌머리는 NO! 돌사장님은 YES!'라는 프로젝트
수업이 있는데 궁금하죠? 기회가 생기면 직접 만나 이야기해 줄게요.
그 수업을 하기 위한 들머리 교육은 이렇습니다.

"여기 비커와 자갈, 모래, 물이 있어요. 비커에 어떤 순서대로 넣으
면 좋을까요? 세 가지를 모두 다 넣으면서 가장 많은 양을 넣을 수 있
는 방법을 찾으세요. 조건은 어떤 물질이든 한 번에 비커가 가득 차도
록 넣어야 하는 겁니다."

학생들은 각자의 방식대로 세 가지를 비커에 넣으려고 하지요. 물
을 맨 먼저 넣은 학생은 그 어떤 것도 더 이상 넣을 수가 없어요. 어떻
게 넣으면 세 가지를 모두 넣으면서 가장 많이 넣을 수 있을까요?

비커에 자갈을 가득 넣습니다. 자갈들 사이에는 공간이 있어 모래
를 넣으면 자갈 사이로 들어갈 수가 있겠지요. 그리고 맨 마지막으로
물을 넣으면 자갈과 모래 사이의 공간으로 물이 들어갈 수 있고요.

빈 비커를 그대 엘의 삶이라고 생각해 보세요. 누구든 풍족한 삶,
충만한 삶을 살고 싶어 하죠. 그렇다면 삶이라는 비커를 무엇으로 어
떻게 채워야 할지 생각해 보아야겠지요. 똑같은 것이 앞에 있어도 내
가 선택하는 순서에 따라 결과는 많이 달라질 수 있으니까요.

변화를 위한, 세상 어디에도 있는 말랑말랑학교

비커는 생각보다 깨지기 쉬워요. 우리의 삶도 비커처럼 조심스럽게 다루어야 하지요. 그리고 자갈은 인생에서의 가장 큰 그림, 삶의 목표, 꿈이라고 할 수 있겠지요.

퀼트로 가방을 아주 멋지게 잘 만드는 친구가 있어요. 그녀의 가방을 보면 감탄사가 저절로 나온답니다.

"내가 직접 가방을 만들게 된 이유는 대학 시절 친구의 비싼 가방을 보면서 상처 받고 난 뒤였어. 친구 아버지께서 외국 출장 다녀오면서 선물로 사 주셨다는 그 가방은 잡지책에서나 보던, 가격은 상상도 할 수 없이 비싼 거였지. 제일 친한 친구였기에 늘 같이 붙어 다녔는데 그 친구의 가방을 볼 때마다 부러운 거야. 부러운 마음은 평생 외국이라곤 가 본 적 없고 어쩌면 친구 아버지가 출장 다녀왔다는 그런 나라가 세상에 있는 지조차도 모를 무능력한 아버지에 대한 원망으로 이어졌고, 결국 나는 그런 보잘것없는 집에 태어났다며 비참한 기분이 들게 되었지. 그래서 직장 가지고 월급 타면 제일 먼저 그런 가방을 사겠다고 결심했고 결국 그 가방을 샀어. 그렇게 기분이 좋을 수가 없더라고. 다들 나만 쳐다보는 것 같았어. 내가 친구의 가방을 부러워했듯이, 저 사람들도 내 가방을, 그리고 나를 부러워하겠구나 싶어서. 여고 동창을 만나러 가면서도 그 가방을 들고 나가 찻집 테이블에 자랑스럽게 얹어 두었어. 남들이 내 가방을 봐야 하니까. 그러면서 나를 부러워해야 하니까. 그런데 지나가던 찻집 종업원이 비틀하면서 들고 있던 물이 내 가방에 쏟아진 거야. 나는 벌떡 일어나 이게 얼마짜리 가방인 줄 아느냐며 불같이 화를 냈어. 그 사람은 연신 죄송하다고 고개 숙여 사과했지만 나는 화가 풀리지 않아 비난의 말을 계속 퍼부었지. 그걸 지켜보던 한 노신사가 그러더라. 그게 얼마짜리인진 모르지만 진짜 비싸고 좋은 가방을 들고 다니려면 사람도 인품이 넉넉하고 고급이어야 되지 않겠냐고. 지금 아가씨가 하는 말과 행동은 가방 값하고는 거리가 먼 것 같다고. 사실 그 순간에는 너무 화가 나서 그 말이 제대로 마음에 들어오지도 않았어. 그런데 친구가 그러는 거야. 그 가방이 그렇게 비싸고 좋은 거냐고. 자기는 가방에 별로 관심이 없어서 잘 모른다고. 그렇게까지 화를 낼 만큼 엄청나게 비싼 거냐고."

내 친구는 자랑하고 싶어 일부러 잘 보이게 테이블 위에 얹어둔 가방을 전혀 인식하지 않고 있었던 동창을 통해 심한 허탈감과 인식의 무서움을 느꼈다고 해요.

"그 순간 노신사가 혀를 끌끌 차며 하던 말도 제대로 마음을 때렸지. 많이 고민했어. 그러면서 알게 된 게 나는 비교의 선수더라는 거야. 늘 남과 비교하는 나를 발견하게 되었지. 문제는 비교가 날 비참하고 불행하게 만들었을 뿐만 아니라 그 비교치를 해결하기 위해 많은 선택을 해 왔다는 거야. 늘 다른 사람들이 가진 거, 다른 사람이 하는 것을 따라 하는 게 목표였다는 걸 알게 된 건 진짜 충격이었어. 그냥 그 사람들처럼만, 그만큼만 되면 성공이라 생각하고 그렇게 되려고 애쓰고, 됐다 싶으면 또다시 비교의 대상을 찾고. 이런 반복을 멈출 수 있는 방법으로 선택한 것이 퀼트 가방이었어. 세상 어디에도 없는, 비교치가 없는 나만의 것으로 나의 고질병인 비교하는 병을 고치고 싶었거든."

인생 전체를 보며 큰 그림을 그리고 가장 중요한 우선순위를 찾는 것도 필요하지만 하루하루 우리 삶을 만드는 일상 속의 작은 선택들 역시 중요하겠죠. 하루를 느긋하고 여유 있게, 원하는 것들로 채우는 방법도 순위 선택을 잘하는 것이라 생각해요.

그냥 살아지는 대로, 그때그때 눈앞에 닥치는 일들을 해결하는 데 급급하지 않고 내가 원하는 하루를 살고 싶다면, 우선 하루 동안 해야 할 일을 생각하고 순서를 정해 보세요. 어떤 일을 먼저 하느냐에 따라 시간과 일의 효율성은 엄청나게 차이가 있거든요. 그 많은 일을 어떻게 하느냐는 질문에는 대충 하면 되어요, 라고 말한다고 했었죠? 대충 하기 전에, 시작하기 전에 하는 것이 있어요. '무엇을 해야 하고 어떤 순서로 할 것인가를 미리 정해두는' 거죠. 나는 마네킹과 마주하며 오늘의 코디를 완성해 가면서 그 일들을 하곤 해요. 하루 동안 어떤 일들을 하면서 살 것인지, 어떤 순서로 하면 가장 편안하고 쉬우면서도 효과는 좋을지. 그런 하루를 살기 위해 어떤 옷차림을 하면 좋을지 등 등…. 출근하면 제일 먼저 수첩에 생각한 일들을 순서대로 적고, 해낸 일들은 하나씩 체크해 가면, 시간과 노력 대비 효과가 좋아진답니다.

그대 엘은 어떤 일을 먼저 하는 것이 좋던가요? 작고 쉽고 가벼운 일을 먼저 하는 게 좋은가요, 아님 가장 부담스럽고 힘든 일을 먼저 해 버리는 것이 좋은가요? 작은 일을 먼저 하다 보면 해낸 일들이 많고 성취감이 커져서 좋은 장점이 있고, 제일 부담 가는 큰일을 먼저 해 버리면 할 일의 거의 전부를 처리한 것 같아 빨리 마음이 가벼워지는 장점이 있더군요. 어느 쪽이 좋다기보다 자신에게, 혹은 그날의 상태에 따라 결정하세요. 샘정은 비중이 큰 일부터 하려는 편이지만 조금씩 달라요. 수도꼭지 앞에서 찬물 쪽을 선택할 것인지 따뜻한 물을 선택할 것인지는 그날의 상황에 따라 다르잖아요. 물의 서늘한 느낌을 그리 좋아하지 않는 샘정이라 주로 따뜻한 물을 선택하지만 가끔은 시원한 찬물이 필요할 때도 있어요. 무엇이든 내게 가장 좋은 방법이 최선이라고 생각해요.

그대 옐의 삶에서 자갈, 모래, 물에 해당하는 것은 무엇인가요?

변화를 위한, 세상 어디에도 있는 말랑말랑학교

3. 구름 위를 나는 방법

그대 엘, 지금까지 살면서 혹시 결코 넘어설 수 없는 산이라 생각되는 두려운 무언가가 있나요? 나에게 그것은 멀미였어요. 그중에서도 비행기 멀미. 너무도 심한 멀미는 내 인생의 방향을 엄청나게 틀어 놓았고요. 멀미는 내가 결코 넘어서지 못했던 산이고, 어쩌면 평생 넘지 못할 산이라 생각하면서 살아왔었답니다.

2016년 9월 9일은 샘정이 인생에서 절대 극복할 수 없을 거라 생각했던, 샘정을 가장 크게 얽매어 놓고 있었던, 50년 넘게 사는 동안 많은 결정들을 바꾸게 만들었던 바로 그 〈상상초월 극심한 비행기 멀미〉에 도전한 날입니다.

멀미… 내 인생의 가장 큰 아킬레스건이었죠. 이것으로 인해 내 삶의 방향은 너무도 많이, 때로는 엉뚱하게 바뀌었답니다.

해외여행 이야기가 나오면 늘 시간이 없다고, 빡빡한 강연 일정 때문에 안 된다고, 경제적인 문제도 있다고, 아이들 돕기도 부족한데 여행 갈 여유는 없다면서 핑계를 댔어요. 때론 강한 책임감에 일주일 이상 휴가를 내지 못하는 남편을 두고 혼자 갈 수는 없다고도 했지요. 모두 사실이지만 저 깊숙한 곳에는 도저히 감당이 안 되는 극심한 멀미에 대한 두려움이 큰 자리를 차지하고 있었다는 건 혼자만의 진실이자 비밀이었답니다. 딸 플로라양이 4년 동안 런던에 있었지만 단 한 번도 가 볼 수가 없었던 이유도 바로 멀미였구요. 세계적인 패션 잡지에 플로라양의 작품이 실리고 신문 기사가 났지만 그 감동의 순간에도 같이해 줄 수 없었고, 최고의 성적으로 졸업하는 영광의 순간에도 함께해 주지 못했어요. 딸의 마음에 평생의 서운함을 안겨 주었지요. 이처럼 멀미는 나 혼자의 삶뿐만 아니라 가족의 삶에도 큰 영향을 미쳐왔어요. 하지만 이번엔 정말 꼭 런던으로 플로라양을 만나러 가야겠다는 생각이 들었고, 내가 가겠다고 마음먹으니 온 가족이 갈 수 있게 되었지요.

멀미는 그렇게 내 인생을 옥죄고 있었는데 드디어 그것에 대해 정면 도전을 해보기로 한 거죠. 10시간 넘는 비행은 그날이 내 인생에서 처음이었어요. 나의 멀미를 아는 내 친구들은 걱정이 하늘을 찌를 정도였어요.

"그냥 안 가고도 살 수 있는 건데 뭐하러 그 고생을 자처를 해?"

"으~~~ 안 봐도… 상상만 해도… 으~~~"

"너 정말 어쩔 건데….."

"멀쩡한 나도 10시간 비행에 몸서리가 쳐지던데… 너 진짜 가려고?"

하지만 용기를 냈고 나는 결국 해냈답니다. 가장 큰, 절대 극복할 수 없을 것 같던 〈멀미〉에 도전했던 9월 9일.

비행기를 타고 오가면서 엄청나게 힘들기도 했지만 실제 멀미보다 내 발목을 잡고 있던 것은 멀미로 인해 고통스러웠던 기억으로 인한 마음속의 두려움이었다는 것을 알게 되었어요. 구름 속을 뚫고 올라야 구름 위를 볼 수 있다는 것을 새삼 깨달으면서, 내 인생에 할 수 없는 일이 또 있을까? 멀미도 극복했는데? 이런 과다 용기, 과다 의욕 증세까지 생겼답니다. 내 인생의 가장 높은 산이라고 생각했던 것을 넘고 나니 겁이 없어졌다고나 할까요?

그 자신감으로 인해 2017년 7월, 겁 없는 말이 불쑥 나왔답니다. 35년 지기 친구들에게 자유여행을 해보자 말한 거죠. 모두 안전하고 편하게 패키지여행을 하자고 했지만 50대 중반 다섯 명이서 생애 첫 자유여행이라는 새로운 경험을 해보자며 부추긴 건 바로 샘정이었어요. 친구들은 해마다 여행갈 때 멀미로 인한 두려움으로 벌벌 떨며 고개를 젓기만 하던 샘정이 앞장서서 자유여행을 가자고 하니 다들 깜짝 놀라더군요. 사실 다섯 명 모두 자유여행의 경험이 없었기에 괜찮겠냐며 걱정했지만 비행기와 호텔 예약에서부터 여행 계획까지 전부 샘정이 혼자 준비하겠다며 큰소리를 쳤답니다. 6개월에 걸친 준비 기간은 태어나 처음 해 보는 경험들로 가득했어요. 드디어 2018년 1월. 인천 공항에서 여행할 장소와 정보가 담긴 영어로 쓴 계획서를 나누어 주니 친구들이 의아해하더군요. 현지에서 혹시 길을 잃거나 했을 때 그 사람들이 우리 계획서를 보고 도움을 줄 수 있도록 영어로 작성했다고 하니 어떻게 이렇게 기특한 생각을 했느냐며 폭풍 칭찬을 하더군요. 자유여행을 계획해 보지 않았으면 시도해 보지도 않았을, 결코 경험할 수 없는 일들이었어요. 그런데 여행 이틀째 되던 날 밤, 돌아오는 비행기 예약 확인서에 물을 쏟는 바람에 눈앞이 캄캄해지는 일이 발생했어요. 하지만 혼자만 알고 친구들 걱정시키지 않게 빠르게 해결을 해야겠다고 생각하고는 예약 사이트에 연락해 e티켓을 메일로 다시 받고 한밤중에 프런트에 가서 안되는 영어를 통해 메일로 전송되어 온 것들을 어디서 어떻게 출력하는지에 대한 도움을 청하던 순간은 지금 생각해도 가슴이 벌렁벌렁합니다. 그리고 해결했을 때의 그 성취감은 이루 말할 수가 없었고요. 돌아오는 비행기 안에서 친구들이 그러더군요.

"우리 또 가자. 이렇게 재밌을 줄 몰랐어. 정말 완벽한 여행이었어. 우리 건강하게 이렇게 같이 여행 다니자. 특히 너는 아프면 안 된다. 네가 있어야 우리의 자유여행이 가능하니, 우린 니 덕에 울렁증 있는 영어 한마디 안 하고 편하게, 패키지라면 가 보지 못했을 장소들도 가 보면서 이렇게 여행 잘 했으니, 우린 모두 다 너만 믿고 따라갈 거다. 너는 특별히 더 건강 잘 챙겨서 우리 데리고 앞으로 주욱 여행 가야 한다."

세상에나! 이런 날이 올 줄 상상이나 했겠어요? 그리고 자유여행을 통해 또 하나 얻은 게 있답니다. 맞춤식 여행 계획을 짜고 안내하는 일을 하면 잘할 것 같다는 새로운 재능과 적성을 발견하게 된 거죠. 그래서 또 하나의 새로운 꿈을 가지게 되었답니다. 여행 설계사라는 새로운 꿈. 알죠? 일단 함 해 보고. 아님 말고.

그대 엘도 그동안 넘지 못하고 있던 가장 높은 산을 오르기 위한 한 걸음을 걸어 보아요.

샘정의 멀미처럼 엘을 가장 두렵게 하지만 꼭 극복해 보고 싶은 것이 있나요?

_____

_____

_____

_____

_____

_____

_____

_____

_____

_____

_____

_____

4. 백마 탄 왕자를 만나는 꿈을 이루게 하소서

"선생님, 엄마 아빠가 매일 싸워요. 그래서 너무 속상하고 불행해요. 살고 싶지가 않아요."라고 시작하는 메일이 왔어요. 이렇게 답장을 보냈습니다.

"엄마 아빠의 싸움은 그들의 삶이란다. 그건 네가 어쩔 수 없는 일이야. 그들의 삶이 아닌 너의 삶에 집중해 보렴. 그들을 바꿀 수는 없지만 너는 바꿀 수 있단다. 엄마 아빠가 매일 싸워서 불행하고, 그래서 살고 싶지 않은 네가 아닌, 싸우지 않고 사랑하며 사는 행복한 네가 되겠다는 목표를 가지고 그런 어른이 되는 거, 그건 너만이 할 수 있는 거란다. 부모의 불행을 보면서 너마저도 불행하게 만들지는 않았으면 좋겠어. 그들의 불행을 보면서 저렇게 불행하고 싶지는 않아, 그러려면 나는 어떻게 지금을 살아야 하고, 어떤 어른으로 자라야 할까를 고

변화를 위한, 세상 어디에도 있는 말랑말랑학교

민해 보렴. 네 삶을 잘 사는 것에 집중해. 타인에 의한 행복이 아닌 나로 인한 행복이 중요하단다."

우리는 꿈을 꾸죠. 아주 거창한 꿈에서부터 아주 작고 소소한 것들까지. 우리는 늘 무엇인가를 원하고 바라면서 살지요.

"정혜는 두 문제를 설명해 주세요."

"왜요? 왜 나만 두 문제예요? 아이, 싫어요. 나 이런 문제 풀지도 못한단 말이에요. 나 안 풀래요."

"그래서 너는 두 문제예요."

"그런 게 어딨어요? 선생님이 차별하면 안 되지요."

"그런 거 여기 있어요. 그리고 선생님도 차별 엄청 싫어해요, 지금 이 상황은 지극히 공평해요."

"말도 안돼요. 나만 두 문제 하라면서요?"

"선생님 마음이에요."

"왜 선생님 마음이에요? 공평하게 해야지."

"무지 공평해요. 정혜는 하고 싶은 거 마음대로 하잖아요. 친구가 싫다고 해도 자꾸 장난 걸어 방해하고, 조금 전에 친구 활동지 찢어 놓고도 미안하다 사과도 안 하고. 개수대에 가서 물을 틀어 친구들에게 뿌리고. 그러니 공평하지요."

"뭐가요?"

"정혜도 마음대로 하고 선생님도 마음대로 하고. 우리 완전 공평하다, 그렇죠?"

"그래도⋯."

"정혜가 마음대로 하는 건 괜찮고 선생님이 마음대로 하는 건 안 되는 걸까요? 정혜가 하는 만큼 선생님도 너에게 해 주려고 하는 건데, 어때요? 우리 앞으로도 계속 공평하게 지내봐요."

나는 하기 싫지만 다른 사람들은, 세상은 나를 알아주고 대우해 주어야 한다, 그렇지 않으면 그건 차별이고 억울한 걸까요?

"선생님은 네가 하는 만큼 너에게 해 주고 싶은데 어때요?"

"난 잘하는 게 없는데."

"나는 잘하는 게 없으니 못하게 두고 그냥 배려만 하라? 그건 곤란하지요."

"그럼 어쩌라고요?"

"잘하는 것을 찾으면 되지 않을까요?"

"할 줄 아는 게 없다니까요?"

"정혜는 학교 올 때 걸어오나요?"

"버스 타고 오는데요."

"버스 운전사를 믿나요?"

"버스 운전사요? 왜요? 왜 믿어야 되는데요?"

"그럼 다르게 질문. 버스 운전사를 의심하나요?"

"무슨 의심요?"

"이 버스가 사고 나지 않고 안전하게 학교까지 갈 수 있을까? 운전사가 운전을 제대로 할 줄 알기나 하는 걸까? 하는 의심."

"그런 의심을 왜 해요?"

"그 버스 기사 아는 사람인가요?"

"그 사람을 내가 어떻게 알아요? 그리고 맨날 바뀌던데."

"이상하네. 어떻게 생판 알지 못하는 사람을 의심하지 않고 철썩같이 믿을까?"

"그건 운전사니까 당연히 믿어야죠."

"그럼 너는 왜 믿지 못하는 걸까요?"

"내가 뭘 못 믿어요?"

"너는 잘하는 것이 없다면서?"

"진짜 잘하는 게 없다니까요."

"버스 운전사는 한 번도 연습 없이 버스를 운전할 수 있게 됐을까요?"

"많이 연습했겠죠. 시험도 치고."

"그랬겠죠? 배워서 잘해보겠다는 마음으로 연습을 많이 했겠지요. 그래서 버스 운전을 아주 잘하게 되었고, 자격증도 따고. 사람들은 그런 버스 운전사를 믿고 버스를 타고."

"그게 무슨 상관이에요?"

"정혜와 버스 운전사의 차이점이 무엇일까?"

"저는 버스 운전을 못 하는 거?"

"버스 운전사는 버스 운전을 배워야겠다고 생각했고, 배웠고, 잘하게 되었고. 정혜는?"

"…"

"배우고 싶은 것이 없고. 아직 배우고 싶은 것이 없으니 그다음 이야기는 의미가 없고."

"…"

"버스 운전사가 운전대에 앉을 수 있는 이유가 뭘까?"

"운전을 할 줄 아니까."

"그렇지. 운전할 줄 아는 자기 자신에 대한 믿음이겠지요. 그 버스를 타는 모든 사람들도 버스 운전사가 운전을 잘 할 거라 믿으면서 타고. 버스 운전사가 처음부터 나는 운전을 할 줄 모르는데 어쩌라고, 하며 포기를 했었다면?"

"운전을 못 하게 되었겠지요."

"지금 정혜처럼?"

"그건…."

"누구나 처음부터 잘하는 것이 있을까? 해 보고 싶은 것을 찾고 잘하기 위해 연습하는 과정이 있어야 잘하게 되는 거죠. 그리고 가장 큰 것은 자신에 대한 믿음일 거야. 이 일을 잘하고 싶고, 잘할 수 있다는 믿음. 생판 모르는 오늘 아침에 탔던 그 버스 운전사도 1%의 의심도 없이 믿고 버스에 올라탔는데 정혜 자신을 못 믿는다면?"

"아, 그냥 이렇게 살게 냅둬요. 나중에 잘생기고 능력 있는 멋진 남자 만나 살면 되지요. 선생님보다 더 잘 살 거니까 걱정 마요."

"그래? 그 잘생기고 멋진 남자도 너를 만나는 꿈을 꾸고 있어야 할텐데, 그치? 너만 그런 사람 만나기를 꿈꿀까? 그 능력 있고 멋진 남자도 똑같이 예쁘고 능력 있고 멋진 여자를 만나고 싶지 않을까? 하고 싶은 것은 잠자는 것이 전부인 미인, 규칙을 어기는 강한 개성, 친구들 물건을 뺏는 능력. 네가 꿈꾸는 남자가 너에게 바라는 것이 이런 멋짐과 이런 능력일까?"

"그래도…."

"멋진 남자 만나는 꿈을 이루는 방법이 있어요."

"진짜요?"

"네가 멋진 사람이 되는 거지. 유유상종이라는 말 알지? 끼리끼리. 네가 멋진 사람이면 네 주변의 사람들은 모두 너와 비슷한 멋진 사람들이겠지. 그 많은 멋진 남자들 중에서 네가 선택할 수 있는 그런 삶이었으면 해. 자신은 멋지지 못하면서 멋진 남자를 만나 모든 것이 바뀌기를 기다리는 너는 아니었으면 해. 꿈의 순서를 조금 바꾸면 될 것 같은데? 멋진 사람 되기, 그다음에 멋진 남자 만나기, 어때?"

그대 엘은 CEO라는 거 아나요? 그대 삶의 최고 경영자는 바로 그대예요.

그대 엘은 스스로에게 어떤 것을 선물하고 싶은가요?

오십 대가 되면서 나에게 선물을 주기 시작했어요. 그 전에는 주로 물건을 선물했었는데 조금 다른 선물을 주고 싶다고 생각했어요. 예전에 하고 싶었지만 여러 가지 사정으로 접어 두었거나 포기했던 것들을 다시 배워보는, '배움 선물'을 하고 있어요. 그래서 시 낭송 배우기, 성악 배우기를 선물했고, 세 번째 선물이 발레였어요. 발레복을 입고 춤을 추면 정말 행복해요. 그리고 80대의 나를 상상해 보곤 해요. 그때는 온몸에 주름이 가득하겠죠. 그런 내가 발레복을 입고 분홍색 타이즈와 발레슈즈를 신고 음악에 맞추어 느릿느릿하지만 우아하게 발레를 하는 상상.

꿈은 내가 나에게 주는 선물이니까요.

옐에게 해 주고 싶은 선물 리스트를 작성해 볼까요?

변화를 위한, 세상 어디에도 있는 말랑말랑학교

5. 삐딱하게 ♫♫♫♫

"삐뚤어질 테다."

샘정이 가끔 하는 말이에요. 이 말을 할 때 이상하게 쾌감이 온몸을 감싸는 것 같은 건 왜일까요?

그대 엘도 가끔 삐딱하고 싶고 삐뚤어져 보고 싶죠, 그죠?

3월 14일, 화이트 데이에는 올블랙으로 출근했어요. 신학기 시작하고 고작 열흘밖에 지나지 않았지만 벌써 학교가 재미없어서 정말 삐딱해지고 싶은 아이들의 마음을 조금은 알아주고 싶기 때문이에요. 그리고 고작 열흘인데 아이들로 인해 속상하고 상처받고 있다는 후배 선생님들에게 격려의 마음을 전하고 싶은 마음도 있고요.

학교는 늘 반듯한, 누구에게나 수용되고 상식의 범주 안에서 예측 가능한 행동만 하는 착하고 순한 아이들만 있는 곳이 절대 아니거든요. 교사와는 너무도 다른 생각과 시각을 가진, 나와 많이 다른 아이들이 모여 있는 곳이지요.

그들을 나의 시각으로 보면 삐딱하게 보이겠지만 내가 조금 삐딱해지면 그 아이들이 똑바로 보일 수도 있지 않을까요?

나이가 들수록 삐딱해질 수 있었으면 합니다. 삐뚤어지는 것은 세상을 벗어나거나 등지고 사는 것이 아니라 세상과 타협하는 한 방법이기도 해요. 다양한 각도로 삐딱해질 수 있는 유연함을 가지게 된다면, 세상을 사는 게 조금 더 쉬워질 테니까요.

내 나이가 얼만데, 또는 이 나이에 뭘 하겠어, 이런 생각에서 벗어나 보고자 화이트 데이의 드레스코드를 '삐딱하게'로 정해 본 거죠.

내게는 올블랙은 너무 조신하고 얌전한 차림이라는 고정관념이 있었는데 나에게는 숨기려 해도 숨겨지지 않는 〈삐딱 근성〉이 있나 봐요. 블랙 차림의 나를 보며 아이들이 '좀 놀아 본 언니' 포스가 느껴진다고 하니 말이에요.

세상을 삐딱하게 한번 봐 보세요. 이해하지 못했던 것들이 이해가 되고 눈에 차지 않던 사람이 마음에 들어오기도 하고 생각지 못한 즐거움이 곳곳에 있답니다.

삐딱하게~~~~~♬♪♬ 삐딱하게~~~~~♪♬♪♪

남들과 같은 길을 가야 할 필요는 없어요. 남들 가는 길이 무조건 정도는 결코 아니에요. 내가 가고 싶은 길이 세상이 말하는 곧고 넓은

변화를 위한, 세상 어디에도 있는 말랑말랑학교

탄탄대로가 아니어도 괜찮아요. 삐딱하게 난 샛길이어도 내가 즐거이
갈 수 있는 길이라면 삐딱하게 살아 보기로 해요.

"삐뚤어질 테다"라고 외치며, 이것만은 꼭 해 보고 싶은 일탈이 있다면 지금
외쳐 보아요.

---

6. 포기도 선택이고 용기다

직장인이 되어 살아 보니 그동안 아버지, 어머니가 얼마나 많은 사표를 가슴에 품고 사셨을까… 먹먹해지더라는 딸의 말. 엄마의 "남의 주머니에서 돈 가져오는 거 결코 쉽지 않지" 하던 말을 이해하겠더라고 하더군요.

그 말을 듣는 순간 엄마 샘정의 가슴도 먹먹해졌어요.

'딸의 가슴에도 사표가 한 장 쓰여졌나 보다.' 하는 마음에.

이렇게 말해 주었습니다.

"딸아, 너의 가슴에도 사표가 쓰여 있겠지…. 가슴에 단 한 장의 사표도 품지 않고 사는 직장인이 어디 있겠냐만 너무 많은 사표가 네 가슴에 쌓이지 않기를 바란다.

그 사표, 가슴에 쌓아두기만 하지 말고 세상을 향해 던져도 된단

변화를 위한, 세상 어디에도 있는 말랑말랑학교

다. 네 삶의 주인은 너라는 거 알지? 힘들다면서도 일이 즐겁다고 하니 더없이 고맙단다. 아버지 말씀 기억하렴.

우린 널 행복하라고 키운 거라는 말씀. 삶에서 진짜 성공은 네가 행복하게 사는 거라는 말씀. 엄마 말도 기억하렴. 우린 언제나 언제나 네 편이라는 거.

겨우 하룻밤 함께하고 또다시 일터로 돌아갈 딸아, 아버지, 엄마가 함께 차린 따뜻한 집 밥이 너에게 큰 응원이 되길…. 많이 사랑한단다."

그대 엘의 가슴에도 사표가 쌓여 가고 있는 건 아닌지요? 강연에서 만나는 사람들에게 말하곤 합니다.

이 소망이, 이 직업이 정말 내 것일까? 혹시 나도 모르는 압력에 등 떠밀리고 있는 것은 아닐까? 이 길이 아니라는 생각이 들면 포기하는 것도 선택이고 용기일 거다, 라고.

딸과 사표에 관한 이야기를 하면서도 나온 말이지만, 자신이 선택한 일이라고 늘 좋기만, 즐겁기만 한 것은 아니잖아요. 힘들지만 그래도 계속하고 싶은가 물었을 때 그렇다고 대답할 수 있다면 그 일이 진짜 나의 일인 것이죠. 하지만 직장이 늘 꿈의 실현 장소냐 하면 그것도 아닙니다. 직장과 꿈이 별개의 것일 수도 있지요. 30년 넘게 직장인으로 살면서 삶을 즐기며 살 수 있는 방법으로 내가 찾은 답은 내가 좋아하는 일을 하거나, 지금 내가 하는 일을 좋아할 수 있도록 하는 것입니다.

"엄마는 교사를 꿈꾸지 않았기에 꿈을 이룬 사람은 아니지. 하지만 꿈을 이루지 못했다고 엄마의 삶이 불행하다고 생각지는 않아. 엄마도 직장 2, 3년 차에 정말 고민을 많이 했었어. 이 길이 내 길이 아닌 것 같다는 생각에. 결국 엄마는 후자를 선택했지. 지금 내가 하고 있는 일을 좋아할 수 있는 방법을 찾아보자고. 물론 그 일이 쉽지는 않았고, 그 이후에도 적지 않게 갈등했지만 엄마는 그동안의 시간들이 충분히 행복하고 감사하다고 생각해. 힘들 때도 많았지만 그래도 하고 싶냐는 물음에 그렇다고 대답할 수 있었으니까. 그리고 어느 순간 다른 길을 가 보고 싶다는 생각이 들면 그때는 또 그 길을 선택하면 되는 거야. 진로는 생의 마지막까지 이어지는 선택의 연속이니까."

그대 엘, 50대의 샘정도 진로 고민이 많답니다. 문득 잘 입고 다니던 원피스 길이가 너무 짧다는 생각이 들었고 원피스 치마 길이를 조금 길게 늘여야겠다는 생각을 하다가 리폼과 진로에 대해 생각해 보았어요.

리폼은 물건을 조금 더 쓸모 있도록 만드는 것, 진로는 우리 삶을 조금 더 즐겁고, 가치 있으며, 쓸모 있도록 만들어 가는 것이 아닐까 하는 생각.

아무렇지 않게 잘 입던 원피스가 갑자기 길이는 짧고, 놓인 수는 너무 싸구려 같아 마음에 들지 않게 되어 버린 순간. 버릴 것인지 마음에 들게 바꿀 것인지를 선택해야 하지요. 레이스를 덧대어 길이를 늘이기 위해 찾은 레이스 가게에서 사장님은 원피스 색과 비슷한 진한 색을 권했지만 나는 내가 원하는 연한 색으로 샀어요. 진로 선택도 비슷하다는 생각이에요. 타인의 권유보다는 자신의 선택으로 이루어져야 하고, 큰 그림을 보고 열심히 주의 깊게 진행해야 하죠. 결정했으면 실패나 실수하지 않도록 정성 들여 바느질을 해야 하고요. 바느질에 실패해 다시 뜯어야 하는 일이 생긴다면, 아닌 척 잘하고 있는 척하는 하는 대신 인정하고 조금 늦어지더라도 다시 하는 게 맞지요. 한 우물을 파는 것도 중요하고 가치 있겠지만 포기할 줄 아는 것도 선택이고 용기라고 생각해요.

하나 더, 부분이 아닌 전체를 보려고 노력할 것. 전체를 보고 부분을 보면 답이 찾아질 때가 많지요. 원피스의 수가 놓인 부분이 지금보다 조금 더 고급스러워 보였으면 한다는 생각이 들어 진주를 더하니 아주 마음에 드는 리폼이 완성되었어요.

그대 엘, 지금 몰입할 수 있는 일을 하고 있나요?

지금 당장 포기하고 훌훌 털어 버리고 싶은 일이 있다면 무엇인가요?

_____

_____

_____

_____

_____

_____

_____

7. 젊어 보여요 말고 멋져 보여요

샘정의 트레이드 마크 중 하나가 '이쁜 척'이랍니다. 젊을 때는 이쁜 척하지 않았죠. 그때는 진짜 예뻐서 굳이 예쁜 척을 할 필요가 없었으니까요. 자뻑 샘정인 거 알죠? 그러다 정확하지 않지만 언제부터인가 학교 아이들과의 관계 형성을 위해, 또 아이들에게 예쁘게 보이고 싶어서 수업 시간에 아이들에게 예쁜 쌤이라 우기기 시작했어요. 아이들은 예쁘다며 박박 우기는 샘정에게 점점 세뇌되기 시작하더군요. 그러다 교무실로 이쁜 척을 확장해야겠다고 생각한 것은 오십 대를 맞으면서였어요. 교무실에서 〈나이든 평교사〉의 역할에 관해 고민하게 되더군요. 젊은 시절 보았던 선배님들의 모습들도 주마등처럼 지나가고, 적지 않는 고민 끝에 찾은 나만의 답은

'한 번쯤 모두를 까르르 웃게 해줄 수 있는 사람'이었습니다.

변화를 위한, 세상 어디에도 있는 말랑말랑학교

그리고

'그 웃음을 통해 아래 위 두루 아우를 수 있는 중간자'였어요.

오지랖 열 바가지 샘정인지라 직장에서 까르르, 하하, 호호 웃을 수 있는 순간들이 종종 있으면 좋겠다, 그렇게 같이 웃다 보면 힘들고 지친 마음, 상처 받은 마음도 조금은 누그러질 수 있지 않을까 하는 바람으로 도도함과 시크함의 대명사(?)였던 샘정은 헛소리 주절주절 해대고 이쁘다 벅벅 우기는 푼수 아줌마가 되기로 합니다.

샘정의 이쁜 척으로 인해 종종 웃음바다가 되고 바쁘더라도 교무실 좀 다녀가면서 자기들 좀 재미있게, 웃게 해 달라고 하니 이쁜 척 완전 성공! 다행이고 고마운 일이지요.

그대 엘은 젊어 보인다와 멋져 보인다는 말 중 어느 말을 더 듣고 싶은가요? 물론 둘 다면 좋겠지만 욕심이 과하면 안 되잖아요. 나이가 들면서 자칫 '젊어 보이는 것'에 대한 욕심이 생길 수 있을지 몰라 가끔 딸들에게 부탁하곤 해요. 엄마가 젊어 보이고 싶어 하는 욕심이 과하다 싶으면 너희들이 엄마를 말려야 한다고. 결코 젊지 않은 나이에 젊어 보이기보다는 나이에 따른 우아한 멋을 풍기며 살고 싶거든요. 내 몫은 하면서 당당하게 멋지고 싶은 마음이죠.

그대 엘은 학창 시절 청소 시간 어땠어요? 열심히 청소를 하는 학생이었나요?

과학실에서 주로 수업을 하는 나는 수시로 과학실 청소를 해요. 특히 신학기 첫 수업을 하기 전에는 깨끗하게 청소된 쾌적한 과학실과 만나게 해주고 싶다는 생각에서 직접 대청소를 하지요. 첫 인상은 중요하잖아요.

　과학실은 아이들만 사용하는 곳이 아니고 교사인 나도 함께 사용하는 장소이기에 학기 중에도 종종 혼자 청소를 한답니다. 이런 것들이 나를 나이에 어울리는 우아함을 가지고 살아갈 수 있게 만들어 준다고 생각해요.

　내 역할을 제대로 찾아서 하면서 당당하게 나이 들어가고 싶은 마음이에요. 당당하다는 거, 폼 나잖아요, 그죠?

주변 사람들이 그대를 어떻게 표현해 주기를 바라나요?

변화를 위한, 세상 어디에도 있는 말랑말랑학교

8. 니트가 어울리는 여자

솔직히 샘정은 천성이 부드럽고 순한 사람은 아니에요. 따듯하고 푸근한 성격의 사람도 아니고요.

스스로를 조금씩 더 알게 되면서, 나이가 들면서 내면의 여러 부분을 조율할 수 있는 방법과 힘이 생기게 되면서 살짝 표가 덜 나기는 하겠지만요.

티가 팍팍 난다고요? 진짜요? 그대 엘은 샘정을 너무 많이 파악해 버린 거 아니에요?

부족한 부분을 채우며 살아가려 노력하지만 불쑥불쑥 그런 부분이 드러날 때가 있지요. 자칫 조율에 실패할 것 같은 예감이 드는 날이 있어요.

지난 한 주 내내 일이 많기도 했지만, 목요일 빗속의 출장, 금요일 자유학기제 책 만들기 수업, 토요일 들깨 밭 화보 촬영, 일요일 기차 타고 버스 타고 연수하러 구미 다녀오느라 주말에도 쉬지 못하고 강행군을 하고 나니 몸 상태가 좋지 않은 상태에서 출근하게 된 월요일.

월요일은 5시간 수업에, 8교시에 학력 향상반 수업까지 있어서 평소에도 긴장하게 되는 날이라 조율을 잘 해야 하는데 컨디션이 좋지 않으니 어른으로서의 우아함을 잘 유지해야 하는 상황이죠.

샘정의 꿈 중에 〈니트가 어울리는 녀자〉가 있어요. 니트는 살짝(?) 마른 몸매라야 잘 어울린다고 생각해 노년으로 갈수록 그런 몸매가 되고자 가진 생각이지만 또 다른 이유도 있어요.

그대 엘은 '니트' 하면 어떤 단어, 어떤 이미지가 떠오르나요?

따듯함

포근함

부드러움

보들보들

여유로움

그리고 쭉쭉 늘어나는 신축성 등등

샘정이 되고픈, 가지고 싶은 품성들이거든요. 삶에 탄성이 있는 따듯하고 부드러운 사람.

조율이 많이 필요한 날은 조금 더 그와 같은 사람이 되기 위해 니트를 입어요. 니트처럼 조금 더 여유롭게, 니트처럼 조금 더 신축성 있

변화를 위한, 세상 어디에도 있는 말랑말랑학교

게, 어른으로서의 우아함을 잘 유지하기 위해서. 아이들에게도 도움을 청해야 해요. 선생님도 노력하겠지만 평소와 달리 조율이 안 될 수도 있다고, 여러분들이 도와주기를 바란다고.

니트와 비슷한 물건으로 고무줄도 있는 거 알죠? 긴 명절 연휴 하면 그대 엘은 무엇이 가장 먼저 생각나는지요? 연휴 = '정말 열심히 먹은 날들'이 아닌가요?

연휴 끝에는 어떤 옷을 입어야 할까요? 당근 고무줄 치마를 입어야겠지요. 쭉~~쭉 늘어나서 굵어진 허리둘레도 모두 수용할 수 있도록.

"어쩌지? 연휴에 너무 먹었더니 허리에 살이 얼마나 붙었는지 몰라, 어떡해잉~~~"

친구가 이렇게 말한다면 어떻게 이야기해 줄까요?

"그 정도는 괜찮아. 명절에 맛있는 거 잔뜩 있는데 당연히 먹어야지. 다시 빼면 되지 뭐. 그리고 말을 하니 늘었나 싶지, 나는 하나도 모르겠는걸. 너보다 내 허리가 더 걱정이다 야."

이렇게 말해주면 좋겠지요.

남에게는 이렇게 관대해질 수 있는데 정작 스스로에게 가혹할 필요는 없겠죠? 다른 사람은 몰라도, 나는 나에게 관대하고 너그러웠으면 해요.

학부모 교육 때 얼룩이 묻은 원피스를 입고 강의를 시작한 적이 있었어요. 나는 그게 너무 크게 보이고 신경 쓰였는데 남들은 그 정도 가지고 뭘 그러느냐며 잘 보이지도 않는다고 말해주더라는 말을 하고 싶었기 때문이에요.

친구의 어깨를 툭, 치며 말하듯, 그렇게 내 어깨를 토닥여주며 "이쯤이야 괜찮아"라며 넘어가 주기로 해요.

"이게 뭐야. 먹는 거 하나 조절을 못 해서… 정말 나는 어쩔 수 없어. 한심하다 한심해."

이러면서 스스로에게 상처 주는 일은 하지 말기로 해요. 맛있게 즐거이 먹었으니 그것으로 된 거고 그 결과는 담담히 받아들이고 넘어가면 됩니다. 늘어난 허리가 속상하다면 지금부터 조금 덜 먹고 조금 더 많이 움직이면서 줄이면 되지 않을까요?

퇴근길에 세 정거장은 걸어 보는 건 어떨까요? 욕심내지 않고, 조급해하지 않고 할 수 있는 것부터 해보자는 생각으로 말이에요.

니트가 어울리는 여자, 가끔 고무줄 치마를 입는 여자가 되어 나와 타인에게 조금 더 너그러운 삶을 살고 싶어요.

그대 삶의 코르셋 같은 거, 그대를 가장 옥죄고 있는 것은 무엇인가요?

변화를 위한, 세상 어디에도 있는 말랑말랑학교

9. 왕관을 쓰려는 자,
그 무게를 견뎌라

그대 엘은 옷의 디테일 중 어느 부분을 가장 신경 쓰나요? 샘정은 소매 부분에 신경을 많이 써요. 한껏 부풀려진 퍼프 블라우스는 샘정이 아주 좋아하는 스타일이에요. 빨강 머리 앤의 퍼프소매 드레스에 대한 갈망에 격하게 공감했던 샘정이지요. 그런 샘정이 한눈에 반해 샀던 퍼프소매 블라우스가 있어요. 그런데 사고 난 뒤 좀처럼 손이 가지 않게 되었죠. 이유는 유행이 지나서가 아니라 목둘레에 있는 비즈 장식의 무게 때문이었어요.

매장에서 입어 볼 때는 비즈 무게를 크게 느끼지 못했어요. 색깔, 소재, 그리고 엄청나게 부풀려진 소매가 너무 마음에 들어 비즈 무게 정도는 크게 느끼지 못했었나 봐요. 그런데 막상 입기 시작하면서 가볍고 부드러운 실크가 지탱하기에는 장식된 비즈의 무게가 너무 무거워 옷이 자꾸만 앞으로 처지는 거예요. 손으로 잡거나 받치고 있어야 옷의 모양이 제대로 잡히고, 조금만 움직여도 비즈 무게 때문에 옷이 앞으로 쏠려 처지게 되니 자꾸 옷을 뒤로 젖히게 되고. 이 옷을 입는 날은 비즈의 무게를 감당해야만 하는 셈이죠. 그런데 그 수고가 만만치 않아 너무너무 마음에 들어 하면서도 선뜻, 자주 입지 않게 되더군요.

선택에 대한 책임.

사람 마음은 간사하여 좋은 것만 취하고 불편하고 수고스러운 것은 피하고 싶어지지요. '왕관을 쓰려는 자, 그 무게를 견뎌라.' 셰익스피어가 헨리 4세를 통해 전하고자 하는 메시지도 그러하지 않았을까 합니다. 일단 선택을 했으면 그 결과가 마음에 드는 것이 아니어도 전부 껴안고 책임질 수 있어야 한다는 것을요.

자신이 하는 일에 대한 가치를 부여하는 것 역시 매우 중요하다고 생각해요. 유명한 세 사람의 석공 이야기를 해 볼게요.

14세기에 대성당을 짓는 석공을 만나서 그들에게 질문을 했다지요. 첫 번째 석공에게 지금 무슨 일을 하고 있느냐고 물었더니 그는 보면 모르겠냐는 듯이 짜증 섞인 목소리로 대답했다고 해요.

"가로 50cm 세로 30cm의 돌을 자르고 있소."

삶에 너무도 지친 표정으로 덧붙였고요.

"나는 이 일을 몇 년간 계속했소. 앞으로도 죽을 때까지 할 것이오."

두 번째 석공에게 같은 질문을 했지만 대답이 조금 달랐어요. 그는 미소를 지으며 말했어요.

"돌을 직사각형으로 자르고 있습니다. 나는 사랑하는 가족들을 위해

이 일을 하고 있어요. 힘들게 일하지만 덕분에 내 가족은 먹고 살기에 부족함이 없지요. 그래서 저는 아내와 자식들과 함께 행복하게 살고 있지요."

세 번째 석공에게도 같은 질문을 했고, 그 역시 앞의 두 사람과는 다른 대답을 했습니다. 그는 아주 기쁜 표정으로 이렇게 말했답니다.

"저는 천 년 동안 거룩한 빛을 발하게 될 대성당을 짓는 데 동참하는 영광을 받았지요."

세 사람의 석공은 똑같이 힘들게 돌을 자르는 일을 하고 있지만 자신들이 하는 일에 대한 의미를 전혀 다르게 부여하고 있었던 거죠.

그대 엘은 지금 하고 있는 일에 대해 어떤 의미와 가치를 부여하고 있는지요? 일 자체도 중요하지만 그 일을 어떻게 생각하고 있는지, '어떤 의미를 부여하고 있느냐'에 따라 삶이 많이 달라질 수 있다는 것을 기억하세요. 그 의미를 발견한다면 단순한 성취감 이상의 가치와 보람, 자존감을 얻을 수 있을 거예요.

세 석공 모두 같은 무게의 왕관이 머리 위에 얹혀 있지만 그 무게를 느끼는 정도와 감당하는 자세는 너무도 다르죠?

그대 엘은 그대의 왕관을 어떻게 느끼고 있나요?

지금 하고 있는 일에서 찾을 수 있는 의미는 무엇일까요?

_____

_____

10. 빈티지 달팽이

"달팽이가 되어야 해요. 가장 느리게 걸어 주세요. 대신 절대 멈추면 안 되어요. 계속해서 걷지만 가장 느리게. 세상에서 가장 느린 달팽이가 되어 보세요."

거리와 시간의 그래프를 그리는 수업을 시작하면서 하는 활동이에요. 네 사람이 한 모둠이 되어 한 사람은 달팽이가 되고, 한 사람은 초시계를 들고 달팽이가 된 사람이 걷는 동안 2m 간격으로 걸린 시간을 측정하고, 또 한 사람은 거리에 따라 걸린 시간을 기록하고, 마지막 한 사람은 달팽이가 된 사람이 정지하는 순간이 있는지를 관찰하는 활동이지요. 이렇게 하여 달팽이가 10m를 가는 동안 걸린 시간을 그래프로 그려 본답니다. 교과서에만 있는 거리-시간 그래프가 아니라 자신들이 직접 이동해 보고 걸린 시간을 측정해 보면서, 몸으로 얻은 결과

변화를 위한, 세상 어디에도 있는 말랑말랑학교

로 그래프를 그리고 그것을 해석하는 수업인데 아이들이 매우 재미있어하는 활동이에요.

더 빨리, 더 잘해야 한다고 등을 떠미는 학교이고 세상인 것 같아 반대로 느리게 경쟁을 시켜 보고 싶어 만든 수업입니다. 가장 느린 달팽이가 되기 위해 달팽이가 된 아이도 최선을 다하지만 옆에서 시간을 측정하고 기록하고 관찰하는 아이들 모두 입을 모아 더 느리게 걸을 것을 응원하지요.

느리게 걷기를 통해 아이들이 자신들의 삶의 속도에 대해 생각해 보기를 바라는 마음을 담은 수업인데 아이들은 느리게 걷기가 이렇게 힘들 줄은 몰랐다며 신기해하지요. 보통 때처럼 적당한 보폭으로 걷는 것이 얼마나 편안한 것인지를 알겠다고.

그대 엘의 삶의 속도는 어떤가요? 편안하고 느긋한 마음으로 적당한 보폭으로 걷고 있나요?

빈티지는 풍년이 든 해에 품질 좋은 포도로 담근 명품 연호가 붙은 최고급 와인을 말하죠. 어느 정도 시간이 지나도 광채를 잃지 않는, '오래되어도 가치가 있는' 것을 말할 때 빈티지라는 말을 빌려 옵니다. 잘 숙성된 최고의 와인 같은 삶, 빈티지한 삶은 어떤 삶일까요?

'달팽이가 되어요' 수업은 느리게 느리게 더 느리게 경쟁을 하라고 하지만 아이들은 자신들의 속도에 집중하느라 다른 모둠을 볼 겨를이 없어요. 다른 사람들과의 경쟁은 의미가 없어져 버린 거죠. 인생은 다른 사람과 비교하지 않고 자신의 속도에 집중할 때 음미하며 즐기는 것이 될 수 있을 거예요.

나도 버스를 타고 다니기 시작하면서 보이게 된 것들이 많아요. 운전을 할 때는 모르고 지나쳤는데 동네에 프랑스 자수를 배울 수 있는 곳이 있다는 것을 알게 되었고, 1일 체험을 하기도 했어요. 너무 바빠 놓치고 있던 것들을 보면서 천천히 걸어가는 삶을 살고 싶어요. 현장학습을 가면 아이들은 화를 냅니다.

"여기서 뭐 봐요?"

"볼 것도 하나도 없구만. 이렇게 재미없는 곳에 왜 왔어요?"

아이들에게 눈을 감으라고 합니다. 그리고 걸어가 보라고 하지요. 눈을 감고 더듬더듬거리며 걸어 본 아이들은 눈을 뜨고 앞을 보면서 걸어갈 수 있다는 것이 얼마나 고마운지, 그리고 눈을 떴을 때 보이는 게, 볼 게 얼마나 많은지를 알게 되죠.

"하늘이 보여요."

"나무가 보여요."

"풀도 있어요."

"징그러운 벌레도 있어요."

"이 꽃은 처음 봐요."

그대 엘은 인생 별거 있냐는 말, 어떻게 생각해요?

나는 인생 별거 있다고 생각해요. 인생 별거 많은데 우리가 보지 못하고 있는 것은 아닐까요? 행복은 파랑새나 다가가면 사라져 버리는 손에 잡히지 않는 신기루 같은 것이 아니라 지금 내게 일어나고 있는 일들을 천천히 음미하는 것이 아닐까요? 최고급 와인, 빈티지만 음미할 수 있는 건 아니죠. 지금 이 순간을 음미해 볼까요? 라면 하나를

변화를 위한, 세상 어디에도 있는 말랑말랑학교

끓여 먹어도 냄비에 물이 끓어오르는 것을 보며, 물이 오로지 올라오기만 하는 것이 아니라 내려가기도 한다는 것도 깨달으며, 라면을 휘젓는 젓가락질에 우아함을 더해 세상 최고의 셰프가 된 기분을 즐기고, 예쁜 그릇에 담아 나에게 정성으로 대접하고, 아이의 농담에 집중해 주고, 퇴근길에 석양을 한참 동안 바라보고, 하굣길에 우리 동네 새로 생긴 빵집에서 솔솔 풍기는 빵 냄새에도 취해보고.

"선생님, 저는 다른 사람보다 3년이나 늦었잖아요. 재수에 삼수까지 했으니. 너무 뒤처지는 거 아닐까요? 불안해요."

"3년 더 살면 되지 뭐. 네가 늦었다고 생각하는 3년, 허비한 시간들이니?"

"아니요. 꼭 가고 싶은 대학을 위해 죽을 만큼 노력한 시간이었어요."

"그러니까 너는 수명도 다른 사람들보다 3년 늘어났을 거야. 하고 싶은 일을 위해 노력한 시간이었고, 결국은 이루었으니 엔돌핀 생성도 많을 거니까 건강해졌겠지? 그러니 3년 늦었다 생각 말고 3년 더 살면 된다 생각하렴."

통계를 배우는 수학 시간에 필요하다며 만든 설문 조사지에 '1년 전으로 돌아간다면 무엇을 하고 싶은가'라는 질문이 있기에, 돌아갈 수 없는 상황에 대해 이야기하는 시간 낭비는 하지 않았으면 좋겠다고, 내게 1년의 삶이 남았다면 무엇을 하고 싶은가로 바꾸면 어떻겠냐고 했어요. 그러자 한 아이가 오늘 내가 죽는다면 다른 사람들은 나를 어떻게 기억해 주기를 바라느냐는 질문은 어떠냐고 하더군요. 질문을 새로 만드느라 분주해진 아이들을 보면서 생각해 보았어요. 1년씩만 살아 보는 것도 괜찮을 것 같다고.

그대 엘에게 남은 시간이 1년이라면 무엇을 하면서 살 것 같은가요?

그렇게 1년, 또 그렇게 1년, 그 1년들이 모여 우리 삶을 채워가겠지요. 그러면 오늘 죽는다면 나를 어떻게 기억해 주면 좋겠느냐는 질문에도 답을 조금 쉽게 얻을 수 있지 않을까요?

"누군가에게 나처럼 살아라" 라고 이야기를 할 수 있다면 멋지지 않을까 합니다. 세면대 물이 잘 안 내려가서 사람을 불렀더니 오래되어 공사가 어렵고, 다 뜯어서 하려면 타일까지 깨야 한다며 관을 밖으로 쑥 빼놓곤 불편해도 그냥 쓰라며 출장비 2만 원을 받고 가 버리더군요. 불편하고 보기도 흉해 도저히 그냥 둘 수가 없어 혹시나 해서 아파트 관리실에 도움을 청했더니, 영선반에서 나온 분이 8,000원 주고 새 관을 사 오셔서는 깔끔하게 고쳐주셨어요. 칠십은 넘어 보이시는 분인데도 에너지가 넘치는 모습으로 일을 하며 이렇게 해놓고 돈 받아가기 부끄럽지 않느냐며, 어떤 일을 하더라도 내 일같이 하는 마음 하나면 될 것을, 지 집 같음 이래 놓고 쓰겠냐며 혀를 끌끌 차시더군요. 그러면서 하시는 말씀이,

"내 비록 배운 거 없어 이런 일을 하지만은 난 내가 참 자랑스럽소. 내 이제까지 어떤 일을 해도 이게 내 일이다, 내 집 식구 위한 일이다 생각하며 하고 있는데 그래서 그런가 이 나이에도 이렇게 일을 하며 사니 얼마나 다행인지. 내 자식들이, 자랑 같지만 하나는 의사고 하나는 학교 선생이오. 내 이 일로 돈 벌어 키웠는데 요새도 늘 말하지요. 내처럼 살라고. 일 즐겁게 하고 그 일 다 내 일이다 하는 맴으로 하면 된다고."

변화를 위한, 세상 어디에도 있는 말랑말랑학교

아파트 영선반 일을 하는 그분에게서 삶과 일에 대한 깊은 통찰을 배운 시간이었어요. 자식에게 나처럼 살라고, 자신의 삶을 자랑스럽게 이야기할 수 있는 삶. 이게 바로 빈티지한 삶이 아닐까요?

인생은 긴 여행이라고 합니다. 맞는 거 같아요. 여행 짐을 꾸리듯이 삶을 살아야겠다는 생각을 해요. 너무 많은 것을 챙기려 애쓰기보다는 많은 것을 경험하면서 사는 삶.

그대 엘, 지금까지의 나를 정리해 보는 시간을 가져 보기로 해요. 지금까지 나는 어떤 사람이었고 어떻게 기억될까를 생각해 보면 어떻게 살고 싶은지에 대한 목표가 세워질 거예요. 그대 엘은 어떻게 기억되고 싶은가요?

발레 수업에 바를 잡고 하는 바 워크와 바 없이 하는 센터워크가 있어요. 아직 초보이니 바를 잡고 하는 바 워크 시간이 길어요. 그러다 센터워크를 하게 되었는데 문득 그런 생각이 들더군요.

바를 잡고 할 때는 든든함과 바에게 의지하는 마음이 있었는데 바 없이 해야 할 때는 두려움과 어떻게든 혼자 해내야 하는 비장함(?)을 가지게 된다고.

우리네 삶도 바가 있을 때와 없을 때가 있죠. 결국 바 없이 홀로 꿋꿋하게 서도록 나아가야 한다는 것도.

날 사랑하는 마음, 나를 믿는 마음, '내 삶의 주인은 나'라는 단단한 기준이 나를 꿋꿋하게 서게 만들어 주리라 생각해요.

자신을 사랑하는 그대, 러블리 그대, 그래서 엘인 그대라는 것을 기억해주어요. 빈티지 달팽이가 되어 삶을 음미하는 러블리 그대이기를.

삶의 시간이 1년이 남았다면 하고 싶은 일들의 목록을 적어 볼까요?

변화를 위한, 세상 어디에도 있는 말랑말랑학교

5장

비전학

1. 좌우명이 뭐예요?

사람들은 나를 보고 '행동력'이 강하다고 합니다. '입 열어 말한 것은 다 한다'고 하지요. 누구나 생각은 있지만 생각만으로 끝날 때가 많은데 그것을 행동으로 실천하는 게 놀랍다고 칭찬해 주는 사람들도 있고 내 아이는 이런 엄마가 가끔은 숨이 막힌다고도 하고요.

나의 좌우명은 '누군가 해야 한다면 내가 하자'입니다.

나도 한때 '누군가는 하긴 해야 하는데… 나는 말고 나 아닌 누군가가 나서서 해 주었으면….' 하는 생각을 했고 솔직히 지금도 가끔은 그렇습니다. 그럴 때 필요한 게 바로 좌우명이지요. 늘 곁에 두면서 삶의 방향을 찾도록 해주는 좌우명. 사람들이 너 하나 그런다고 세상이 바뀌겠냐고 물으면 나는 이렇게 대답하지요.

"네, 작지만 변할 거라 믿습니다."라고.

변화를 위한, 세상 어디에도 있는 말랑말랑학교

작은아이가 태어나고 병원 생활을 하면서 병원 출입문이 자동문이 아니라서 환자나 환자와 함께 그 문을 사용하는 가족들이 많이 불편하다는 것을 알게 되었어요. 그래서 병원에 반쪽이라도 자동문으로 바꾸어 줄 것을 부탁했지만 쉽지가 않더군요. 건의함도 이용해보고 병원 홈페이지에도 적어보고 신문사에 투고도 해보고 1인 시위도 해보고…. 1년 동안 내가 할 수 있는 일들은 다 했고 결국 병원으로부터 자동문으로 바꾸었으니 확인하러 오라는 연락을 받았어요. 한 친구는 편찮으신 아버님의 휠체어를 밀고 그 병원 문을 지나면서 나를 생각했다고 하더군요. 그동안의 시간을 지켜보며 '혼자 저런다고 될까…' 했던 것에서 '될 수도 있구나'를 보았다고.

2003년에 보호관찰 청소년의 멘토 활동을 시작할 때도 그런다고 그 아이가 변하겠냐고, 변한다 해도 무슨 큰 의미가 있겠냐는 말을 들었어요. 하지만 그들과의 동행은 너무도 감사한 시간이 되어 주었답니다.

지금 20대 후반, 30대의 멋진 젊은이들로 성장해 준 그 아이들은 희망의 증거이자 또 다른 누군가의 멘토가 되어 상상하기 힘든 멋진 결과들을 보여 주고 있답니다.

'누군가 해야 한다면, 그 누군가를 기다리지 말고 내가 하자.'

교사인 나는 아이들에게 부탁합니다.

행동하는 사람으로 자라주기를 바란다고.

내가 가장 듣고 싶은 말은, '샘정을 닮고 싶어요'입니다.

내가 그 말을 하고 싶은 사람은 배우 오드리 햅번이에요. 샘정은 '오드리 될뻔'이라는 별명까지 있는 엄청난 따라쟁이랍니다.

아름다운 외모야 닮고 싶다고 되는 것은 아니지만 그분의 나눔의 삶을 닮고 싶어요. 주름진 그녀의 얼굴이 더 아름다운 이유는 모두가 알고 있을 거예요. 이렇게 내가 오드리 햅번을 보며 "당신을 닮고 싶습니다"라고 말하듯이 두 아이의 엄마로서, 많은 학생들의 선생님으로서, 그리고 작가로서, 어디서든 마주칠 수 있는 이웃으로서, 내가 가장 듣고 싶은 말은

엄마를 닮고 싶습니다.

선생님을 닮고 싶습니다.

작가님을 닮고 싶습니다.

샘정을 닮고 싶습니다.

가장 듣고 싶은 말, 당신을 닮고 싶습니다.

랍니다.
그대 엘의 좌우명은 무엇인가요?

좌우명을 만들어 보세요.

_____

_____

_____

변화를 위한, 세상 어디에도 있는 말랑말랑학교

2. 내 삶의 비전을 담은 이름이에요

이름이 아주 다양한 샘정입니다. 이름의 변천사가 삶의 변천사라 할 수 있겠지요.

오드리 될뻔

뼛속까지 여배우

꿈 응원가

그리고 착한재벌샘정까지.

착한재벌샘정이라는 이름 때문에 생긴 에피소드가 있어요. 캘리그래피를 배우면서 체인으로 운영하는 대형 문구 매장에서 엽서를 구입하기 시작했어요. 꾸준히 엽서를 사야 하니 포인트 적립을 받기 위해

회원 가입을 하면서 이름을 적는 곳이 있어 실명이 아니어도 된다고 하기에 착한재벌샘정이라고 등록을 했어요.

엽서를 사고 포인트 적립을 받기 위해 휴대폰 번호를 말하면 '누구 맞으시죠?'라며 이름을 말하고 확인을 해요. 그런데 어느 지점을 가나 계산하는 분들이 착한재벌샘정이라고 뜨는 이름을 목소리 내어 말하지 못하고는 아주 다양한 반응을 보이더군요.

"착"이라는 한 글자에서 멈추고는 동공 지진 일어난 눈으로 나를 한동안 바라보는 것까지는 거의 같은데 그다음 반응이 재밌어요.

"허, 챗!" 별꼴이라는 반응에서부터

"이름이???"라며 고개를 갸웃갸웃하기도 하고

"이···이게 뭐??"라며 도저히 이해할 수 없다고 도리도리 고갯짓을 하기도 하지요.

앞에서도 이야기했지만 살아보니 착함, 선함은 삶의 기본적인 정서로 깔려 있어야 하는데 샘정은 착한 사람은 아니라는 것을 깨닫고 꾸준히 착함을 향해 가야 함을 잊지 않기 위해 이름의 맨 앞에 '착한'을 붙였어요. '재벌'은 좋은 사람이 많아서, 복이 많아서, 운이 좋아서, 웃음이 많아서 등등 가진 것이 많아서 선택한 이유도 있고, 진짜 돈을 많이 버는 재벌이 되어 나를 통해 돈이 필요한 곳으로 잘 흘러갈 수 있도록 통로 역할을 하고 싶은 샘정의 꿈이 담겨 있기도 해요.

체크무늬를 다시 사랑하게 된 이야기를 해 볼게요. 나는 한동안 체크무늬, 그중에서도 셔츠를 거의 입지 않았어요. 그건 나의 20대 초반을 기억하게 하는 키워드 중 하나이고 나는 그 시절을 떠올리는 것을

변화를 위한, 세상 어디에도 있는 말랑말랑학교

별로 좋아하지 않았거든요. 입을 것이 그리 많지 않았던 대학 시절, 가장 많이 입을 수밖에 없었던 것이 체크무늬 셔츠와 청바지였지요. 그래서 언제부터인가 그 둘 다를 외면하게 되었습니다. 시간이 흘러 청바지는 다시 즐겨 입게 되었지만 체크무늬 셔츠는 여전히 외면했는데 체크가 유행을 타면서 관심이 가게 되더군요. 유행, 요거 무시하기 힘들거든요. 그래서 인터넷 쇼핑몰에서 사게 된 체크무늬 셔츠.

다시 체크무늬 옷을 입게 되면서 이런 생각을 했어요. 우리네 삶도 체크무늬와 같은 것이 아닐까 하는 생각. 서로 다른 색이 엮여 만들어 내는 패턴이 나 혼자가 아닌 타인들과 더불어 어우러져 살아가는 우리네 삶과 참 많이 닮았다는 생각이요. 내가 유난히 주변 사람들의 덕을 많이 보면서 사는지라 더 그런 생각이 들었는지도 모릅니다. 나는 아마도 최강 인덕의 삶을 살고 있을 거라 감히 장담할 정도로 내 주변에는 너무 너무 좋은 사람들이 많거든요. 그래서 '좋은 사람' 재벌인 거죠.

알먹방 녹음을 하러 가면서 체크무늬를 입었어요. 알먹방은 방송인의 꿈을 가진 샘정이 방송이 나를 찾지 않으면 내가 방송을 만들면 된다는 마음으로 지인들과 시작한 팟캐스트였어요. 대구에서 잘 먹고 사는 사람들을 초대해 그들의 이야기를 들어 보는 방송, '자알 먹고 사는 사람들을 소개하는 방송'이라 알먹방이에요. 외투를 무엇을 입을까 고민하는데 문득 전날 엘리베이터에서 만났던 노부부의 말씀이 생각나더군요. 엘리베이터에 타자 두 분이 동시에 그러시는 겁니다.

"훈장을 많이 받으셨군요."

처음에는 무슨 말인지 몰라 눈을 동그랗게 뜨고 그분들을 보았는데 사모님이 내 외투에 달린 와펜을 가리키는 거예요.

"아, 이거… 훈장이 아니라 그냥 액세서리예요!"

나보다 더 눈을 동그랗게 뜨는 두 분.

"훈장이 아니고 액세서리요? 이런 것도 파나요?"

"네~~ 그냥 브로치 같은 거예요."

너무 신기해하는 분들과의 짧지만 유쾌한 만남이었는데 그때를 생각하며 그날 입었던 그 외투를 선택했답니다.

'그래, 내 인생에 훈장 좀 주자. 열심히 살았잖아. 대학 시절 절대 선생은 하지 말라던 교수님의 충고를 무시(?)하고 선생이 되었고, 그분 걱정처럼 우리나라 교육에 최소한 폐가 되지는 않았으니… 어제는 단순한 액세서리였지만 오늘은 훈장으로 달고 입어보자.'

알먹방도 결코 혼자 할 수는 없는 일이지요. 작가 허미옥, PD 이영희, MC 공정옥이 함께하기에 가능한 일이고, 우리들의 초대에 응해주는 분들이 있기에, 그리고 우리 방송을 들어주는 사람들이 있기에 가능했던 일이었지요.

친구들과 이웃들과 더불어 살아가는 행복을 알게 되고 체크무늬를 다시 사랑하게 된 샘정. 스스로의 꿈도 다른 사람들의 꿈도 응원하는 꿈 응원가 샘정의 이야기였습니다.

이름은 무척 중요하다고 생각해요.

그대 엘의 이름은 누가 지어 주었나요? 보통 부모님께서 지어 주시는 경우가 많죠. 이름이 마음에 쏙 드는 사람도 있겠지만 내가 선택

변화를 위한, 세상 어디에도 있는 말랑말랑학교

할 수 없어서 아쉬운 부분도 있을 거라 생각해요. 그러니 가장 듣고 싶은 이름으로 내가 직접 내 이름을 만들어 보기로 해요. 이름에는 내가 들어 있다고 생각하고, 그러니 지금의 나, 또는 미래의 나를 담은 이름을 만들어 보세요.

그대 옐의 꿈과 소망, 비전을 담은 그대만의 이름을 만들어 보세요.

3. 파티를 즐기는 삶이기를

그대 엘, 이제 말랑말랑학교의 날사랑학기가 끝이 났습니다. 날사랑학기의 시간들이 그대 엘에게 자기 탐색과 변화와 성장의 시간이기를 바랍니다. 자신을 조금 더 잘 알고 사랑하며 자신의 삶의 주인공이 되어 살아가기를 바라는 국민 담임 샘정의 바람이 그대 엘을 통해 이루어지기를 간절히 바랍니다. 러블리한 그대가 되었기를. 그 누구에게보다 그대 스스로에게만큼은 세상에서 가장 러블리한, 가장 사랑스러운 사람이 되었기를 바랍니다.

그동안 함께한 이 책은 세상 어디에도 없는 오직 하나, 그대 엘만의 말랑말랑학교로 완성이 되었으리라 생각해요. 그대 엘의 또 하나의 모교가 된 것이죠. 언제든 펼치기만 하면 마주하게 될 참 편리하고 쉬운 모교다 그죠?

변화를 위한, 세상 어디에도 있는 말랑말랑학교

그대 엘만의 말랑말랑학교는 어떤 느낌인지 많이 궁금해요. 그리고 많이 고마워요. 그대 엘을 통해 나의 꿈이 이루어지고 있으니 너무 고맙고요. 처음 만났을 때도 말했었죠? 그대 엘은 나의 꿈을 이루어주는 멋진 사람이라고.

말랑말랑학교의 날사랑학기를 수료한 그대 엘에게 마지막으로 꼭 부탁하고 싶은 것이 있어요. 파티를 즐기는 사람이 되기를 부탁해요. 파티가 많은 인생이라면 신나고 즐거울 거잖아요. 다양한 파티를 즐기는 삶이기를 바라지만 그중에서도 '책 파티'만큼은 한 달에 한 번은 신나게 즐겨 주기를 바라요.

책 파티를 즐기는 방법, 이러면 어떨까요?

1. 한 달에 한 권의 책은 꼭 읽는다

혼자 읽는 것도 좋고 연인이나 부부가 같은 책을 읽는다면 서로의 대화는 훨씬 더 풍부해질 거예요. 대화가 많아지면 서로를 더 많이 알게 되고, 알게 되면 당연히 이해하는 폭도 넓어지겠지요. 부모와 아이들이, 온 가족이 함께 읽는 책도 멋지겠죠? 알죠? 뭐든 처음부터 욕심내지 말기. 한 권으로도 충분해요. 파티는 즐기는 맛이 최고잖아요.

2. 친구를 만나러 갈 때 읽은 책을 들고 간다

지하철이나 카페에서 책을 들고 있거나 펼쳐 읽고 있는 사람, 폼 나잖아요.

3. 책과 함께 친구들에게 인사를 한다

"오랜만이야. 너 요즘 어떤 책 읽고 있니?"

"너 혹시 이 책 읽었어?"

"이 작가의 책 혹시 읽어 봤니?" 등등

4. 책 뒷담화로 스트레스를 푼다

친구나 직장 상사 뒷담화, 남편이나 아내 흉보기, 말 안 듣고 공부 안 하는 자식 땜에 속상한 이야기, 연예인 걱정, 이런 거 대신 읽은 책과 작가에 대해 무궁무진, 흥미진진한 뒷담화를 하며 지적 유희와 함께 스트레스를 푸는 거예요. 품위 있고 우아하고 당당하게 할 수 있는 뒷담화라니 멋지지 않나요?

5. 파티의 마무리로 읽은 책을 서로에게 선물한다

선물은 언제나 사람을 기분 좋게 만들어 주잖아요. 같은 책을 읽은 사람끼리는 할 이야기가 많아지니 다음 책 파티의 뒷담화 꺼리는 더 풍부해지겠죠?

친구 모임이든 부부 모임이든 이런 책 파티는 꼭 해보기로 해요. 그리고 연말에 그동안 읽은 책들을 모아 책이 필요한 곳에 기부를 하면 어떨까요? 정말 꼭 간직하고 두고두고 읽을 몇 권의 책을 제외하고는 쌓아 두지 말구요. 근처 공공 도서관이든, 복지관이든, 공부방이든, 책을 필요로 하는 곳은 무척 많답니다. 한 사람이 한 달에 한 권의 책

변화를 위한, 세상 어디에도 있는 말랑말랑학교

을 읽으면 12권, 네 명의 친구들을 합하면 48권이나 되는군요.

'내가 책을 사는 이유'라는 제목으로 글을 쓴 적이 있어요.

내가 책을 사는 이유는 첫 번째는 응원 때문이에요. 가장 먼저 책을 쓴 작가의 꿈을 이루어 주고 응원해 주고, 책을 만들고 판매를 하는 과정에 참여한 사람들도 응원해 주는 것이 되지요. 그리고 무엇보다 변화하고 성장하며 더 멋진 삶을 살아가려 하는 나를 위한 응원도 빼놓을 수 없겠죠.

다음은 기부랍니다. 읽은 책은 집에 쌓아 두지 않고 책이 필요한 곳을 찾아 기부를 하는 것. 우리나라 도서관의 실정으로는 책에 대한 수요를 충족시킬 수 없는 것이 현실이거든요. 내가 읽고 싶은 책을 사서 읽고 그 책을 더 많은 사람들이 함께 공유하며 읽을 수 있는 곳으로 전달해 주는 것도 기부의 좋은 방법이라고 생각해요.

샘정은 책 속의 말랑말랑학교뿐만 아니라 실제 말랑말랑학교도 꿈꾸고 있답니다. 다양한 방법으로 사람들의 삶에 실제적인 도움을 줄 수 있는 인생 학교인 말랑말랑학교를 꿈꾸고 있지요.

국민 담임 샘정이 그대 엘의 삶을 응원하듯이 그대 엘도 샘정과 말랑말랑학교를 위한 응원을 부탁해요.

우리가 함께 만들었고, 함께 만들어 갈 인생 학교인 말랑말랑학교를 위하여. 파티를 즐기는 삶을 위하여.

그대만의 파티를 계획해 보아요. 즐겁고 신나고, 더불어 행복할 수 있는 파티를.

변화를 위한, 세상 어디에도 있는 말랑말랑학교

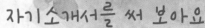

보충수업

자기소개서를 써 보아요

　말랑말랑학교 날사랑학기를 지나오면서 지금까지 나는 어떤 사람인가에 대한 정보가 많이 모아졌을 거라 생각해요. 그대 엘에 관한 정보들을 분석하여 엘을 가장 잘 묘사하는 자기소개서를 써 보세요.

　'동네 문방구를 하시며 자식들에게 헌신하시고 자상하신 부모님의 1남 4녀 중 맏이로 태어나…'

　이런 식의 관계 속의 나 말고, 어느 학교를 어떤 성적으로 나왔는지 그런 사회적인 잣대나 기준에 의한 나도 말고요. 오로지 '그대 엘만이' 담겨 있는 자소서를 써 보기로 해요.

　김치를 처음 먹을 때 씻지 않고 먹었고 그때 기분이 어땠는지, 인라인스케이트 타기를 끝내 배우지 못했던 일, 구구단을 외웠을 때의 성취감, 운동회 달리기에서 매번 꼴찌를 했지만 손님 찾기에서 손님이 너무 빨리 찾아져서 1등을 해본 경험, 안경 쓴 친구가 부러워 갑자기 칠판 글씨가 안 보인다며 안경을 사 달라 졸라댔지만 도수 높은 안

보충수업

279

경을 쓰면서 후회한 이야기 등등…. 나만의 삶을 통해 알게 되고 얻게 된 이야기들, 남에게 알리기 위한 엘이 아닌, 그대가 찾은 진짜 엘의 소소한 이야기들.

라디오 방송에서 짧은 자기소개를 문자로 보내라기에 나를 소개하는 글을 보냈더니 당첨이 되었어요. 행동한 덕분에 당첨 선물까지 받아 멋진 이탈리안 레스토랑에서 근사한 저녁을 먹을 수 있었답니다.

> 저를 소개하면..
> 저는 착한재벌샘정이라고 합니다.
> 31년차 교사인데 제자가 많아 사람재벌이기도 해요.
> 실제로 돈도 많이 벌어 많은 사람들의 꿈을 실제적으로 응원해주는 나눔의 삶을 추구하는, 그래서 저 스스로를 착한재벌샘정이라고 소개합니다.^^
> 신청곡도 함께 보냅니다.
> 윤도현의 가을 우체국 앞에서 부탁드려요.

> 짝짝짝! 축하드립니다. 오늘 좋은 내용으로 뽑히셨습니다. 이름과 주소, 남겨주세요~tbc

변화를 위한, 세상 어디에도 있는 말랑말랑학교

그대만의 자소서를 멋지게 써 보아요.

_____

_____

_____

_____

_____

_____

_____

_____

_____

_____

_____

_____

_____

보충수업

마치는 글

　그대 엘, 날사랑학기를 함께해 주어 고마워요. 그리고 많이 칭찬해요. 지금 이 글을 읽는다는 건 이 책을 끝까지 읽었다는 의미겠지요? 책을 읽어 보겠다는 생각과, 실제로 책을 읽는 행동을 해 준 덕분에 '책 한 권 읽기'라는 목표를 이룬 것이니까요. '책 한 권 읽는 것이 뭐 그리 큰일이라고'라고 생각하는 건 아니죠?

　작은 수고에도 수고했다 애썼다 멋지다며 자신을 칭찬해 주는 그대 엘이 되었을 거라 생각하기에 고마운 거랍니다. '다른 사람은 몰라도 나에게 잘해 주자'라는 담임 샘정의 말이 이제는 엘의 것이 되었을 거라 생각하기에, 나의 수고와 노력을 알아주고 칭찬해 주고 예쁘다, 멋지다 말해 줄 그대 엘이기에.

　함께 오면서 느꼈겠지만 나는 그렇게 친절한 사람이 아니에요. 무엇인가 전하고 싶은 것이 있을 때는 마주한 사람들에게 매정한 말투로 몰아치듯 질문하는 과정들도 적지 않았었죠? 샘정이 이름 앞에 왜 '착한'을 붙였는지 이해하겠죠?

　말랑말랑학교 날사랑학기의 가장 큰 목표는 '변화'였어요. 늘 생각

282　　　　　　　　　변화를 위한, 세상 어디에도 있는 말랑말랑학교

만 있고, 바람만 있지 행동으로 연결하지 못했었던 부분을, 생각을 움직이고 손을 움직이고 몸을 움직여 실제 행동으로 옮기는 과정을 통해 조금씩이지만 변화할 수 있도록 잘 도와주는 것.

조금 더 멋진 사람이 되자.

그대 엘은 조금 더 멋진 사람이 되었고, 이제는 점점 더 멋져질거니 저절로 입가에 미소가 지어지네요.

종례는 짧은 게 좋으니 마지막 인사를 짧게 하기로 해요.

많이 사랑하며 살기 바라요.

멋진 그대 엘을 큰마음으로 응원할게요.

살면서 꼭 필요한 자신을 돌아보고 사랑하는 일,
말랑말랑학교를 통해 스스로에 대한 긍정적인 변화를
팡팡팡 이끌어 낼 수 있기를 기원합니다!

권선복

도서출판 행복에너지 대표이사

　　살면서 누구나 지치거나 자신에 대한 회의감을 느끼는 경우가 있
을 것입니다. '나는 왜 이것밖에 안 되지?', '나는 왜 그렇게 하지 못했
을까', '나는 왜….'

　　끝없이 자신에게 묻는 회의 섞인 질문들. 아무리 긍정적인 사람이
라도 한번 자기연민에 빠지면 그 굴레를 빠져나오기가 쉽지 않습니다.

　　이 책의 저자 '착한재벌샘정', 이영미 님은 '세상 어디에나 있는'
그런 우리들을 위해 이 책을 통해 이야기합니다. '괜찮아!'라고. 그리
고 '한 발 내딛어 봐!'라고.

우리가 살면서 모두 겪어 보았을 여러 가지 감정과 고민들을, 저자는 자신의 삶에서 직접 부닥쳤던 여러 이야기들과 사람들을 통해 공감하며 재미있게 보듬어 줍니다.

여러 가지 에피소드들을 읽다 보면 어느새 공감이 무럭무럭 자라나, '그래, 나도 이랬는데.', '누구나 다 이렇구나.' 하는 위안을 얻고 '이렇게 해보면 좋겠구나.', '그래, 나도 할 수 있어!' 하는 긍정적인 다짐이 어느새 마음속에 자리 잡게 될 것입니다.

저자가 바라는 대로 이 책은 '배운 것을 함께 고민하고 익혀서 진짜 내 것으로 만들도록, 진정한 변화를 통한 성장이 뒤따르도록' 도와주는 책입니다. 이 책을 무궁무진하게 활용하면 할수록 독자들에게 크나큰 도움이 되리라 믿어 의심치 않습니다.

책은 자신의 생각과 경험을 반추해가며 읽어야 한다고 하였습니다. 이 책만큼 그러한 경험을 즐기기에 적당한 책은 없을 것입니다.

챕터를 따라 상처를 마주 보고, 문제를 직시하며, 변화를 통해 거듭나고, 행복해지는 방법을 통해, 궁극적으로 비전을 성취할 수 있게 되기를!

그리하여 고통스럽고 좌절했던 모든 기억이 긍정의 자양분이 되어 아름다운 행복의 기운이 팡팡팡 샘솟아 오르기를 진심으로 기원합니다!

배세일움 사용서

문홍선 지음, 서성례 감수 지음 | 값 20,000원

『배세일움 사용서』는 씩씩하게 그리고 힘차고 즐겁게 인생을 살아가는 '다섯 명 패밀리'에 대한 이야기이다. 책 속 일상에서 마주치는 이런저런 깨달음이나 생각은 때로는 큰 의미로, 때로는 별 것 아닌 장난으로 다가온다. 나침반처럼 일상을 안내하고 손전등처럼 삶의 수수께끼를 비추는 이 '사용서'를 통해 독자들은 삶이라는 요리에 양념을 더하듯 작가의 유쾌한 철학을 전달받을 수 있을 것이다.

2주 만에 살 빼는 법칙

고바야시 히로유키 지음 방민우 · 송승현 번역 | 값 17,000원

진정한 다이어트를 위해서는 자신의 몸, 특히 몸과 마음의 건강 전체를 총괄하는 '장'을 이해하고 돌보는 것이 최우선이 되어야 한다는 것이 이 책이 제시하는 '2주 만에 살 빼는 법칙'이다. 특히 이 책은 자신의 몸을 이해하고 돌보는 방법으로 최신 의학 이론에 기반한 '장활'과 '변활'을 제시하며, '장 트러블' 해결을 통해 체중 감량을 포함한 다양한 문제를 해결할 수 있도록 돕는다.

내 사랑 모나무르(MON AMOUR)

윤경숙 지음 | 값 15,000원

이 책 『내 사랑, 모나무르』는 가난 속에서도 희망을 잃지 않고 자신이 꿈꾸는 방향으로 계속 걸어 나간 끝에 가족과 세상으로부터 받은 사랑과 행복을 더 많은 사람들과 나누려고 하는 모나무르 윤경숙 대표의 에세이다. 윤 대표의 진심을 담은 이 책은 거창하게 뒷짐 지고 서서 내지르는 일장 연설이 아니라, 조용하지만 진심을 담은 따뜻한 속삭임을 통해, 지금 지치고 힘든 이들에게 조금이라도 희망을 주고 싶은 마음을 담은 책이다.

내 손안의 1등 비서 스마트폰 100배 즐기기

박용기 외 8인 지음 | 값 25,000원

이 책은 스마트 사회에서 사각지대에 놓이기 쉬운 실버 세대들이 현대 사회의 필수
도구인 스마트폰을 쉽게 익혀 생활에 활용할 수 있도록 안내하고 있다. 스마트폰의
가장 기본적인 기능과 어르신들에게 꼭 필요한 앱을 중심으로 다루고 있으며 사진과
함께 큰 글씨로 쉬운 설명을 곁들여 누구나 금세 손에 익힐 수 있게 구성되어 있다.
특히 실버 세대의 니즈에 맞춘 스마트폰 기능에 초점을 두고 있는 것이 특징이다.

국회 국정감사 실전 전략서

제방훈 지음 | 값 22,000원

이 책 『국회 국정감사 실전 전략서』는 저자 제방훈 보좌관이 자신의 경험과 지식을
기반으로 엮어 낸 국회의원과 보좌관들의 국정감사 전략, 공무원들의 피감기관으로
서 갖춰야 할 자세, 그리고 더 나은 국정감사를 위해 국회와 정부, 기업에 던지는 미
래 제언을 담고 있다. 특히 정치에 관심을 가진 일반 국민들에게는 의회민주주의의 꽃
이라고 할 수 있는 국정감사의 본질과 생생한 면모를 보여줄 수 있는 책이 될 것이다.

당질량 핸드북

방민우 지음 | 값 13,000원

이 책 『당질량 핸드북』은 수많은 다이어트법 중에서도 최근 주목받고 있는 '키토제
닉 다이어트'에 기반한 저당질 식이요법을 돕는 가이드북으로서 전작 『당질 조절 프
로젝트』의 후속작 개념의 책이다. 실제 저당질 식단을 실천하려는 사람들을 위한 기
본 개념, 우리가 먹는 주요 식재료와 음식에 포함된 당질량 수치, 저당질로 맛있는
음식을 즐길 수 있는 요리 레시피 등을 풍성하게 소개하여 당질 조절 다이어트를 실
천하는 데에 실질적 도움을 준다.